Dormir, soñar, amar

MARINA PALMER

Dormir, soñar, amar

Aprende a interpretar
los mensajes de tus sueños

Diseño de portada: Alejandra Ruiz Esparza Fernández
Ilustración de portada: © Shutterstock

© 2013, Marina Palmer

Derechos reservados

© 2013, Editorial Planeta Mexicana, S.A. de C.V.
Bajo el sello editorial DIANA M.R.
Avenida Presidente Masarik núm. 111, 2o. piso
Colonia Chapultepec Morales
C.P. 11570, México, D.F.
www.editorialplaneta.com.mx

Primera edición: enero de 2013
Primera reimpresión: mayo de 2013
ISBN: 978-607-07-1489-4

Impreso en los talleres de EDAMSA Impresiones, S.A. de C.V.
Av. Hidalgo núm. 111, Col. Fracc. San Nicolás Tolentino, México, D.F.
Impreso y hecho en México – *Printed and made in Mexico*

A todas aquellas estrellas que nacen y
trabajan por su brillo, a las que están más
cerca y alumbran mi camino.

A mi madre, quien se convirtió en un lucero
y cuya luz me inspira desde el Cielo.

A todos los que siguen creyendo en mí.

Dormir es la otra parte de nuestra vida. En ella nos conectamos con la luz y la paz natural de nuestra esencia divina.

Soñar es el recorrido del alma por los caminos de su propia creación. Los viajes de cada noche nos conducen al encuentro del yo inferior con el Yo Superior, donde nuestros sueños se esfuman o se hacen realidad.

Amar es la misión de todos los hijos de Dios, peregrinos en la Tierra. Es la fuerza que conecta el corazón del hombre con el corazón de su Creador, es el destino inmortal del alma.

Dormir, soñar y amar es la fórmula para alcanzar salud, serenidad y plenitud. Es la función natural de la vida, ya que dormidos aprendemos, resolvemos, viajamos, soñamos y amamos.

Mientras dormimos nos transportamos a una dimensión diferente, al aún desconocido mundo de los sueños, con la finalidad de seguir evolucionando como seres individuales y sociales.

Las horas invertidas correctamente en el descanso no solo brindan salud y bienestar, también nos permiten adoptar un estilo de vida saludable y enriquecedor en el nivel espiritual y personal. Las culturas de todos los tiempos nos han hablado de la sabiduría de los sueños y de sus grandes intérpretes, descubriendo con ello la fórmula para encontrar el mensaje destinado a cada ser en evolución y recuperar la comprensión del idioma que usa el Altísimo para con sus hijos.

Dormir, soñar y amar es el proceso que conduce a los buenos hábitos en el descanso. A través de la práctica constante se logra una mayor conciencia de lo importante que es respetar el tiempo destinado a dormir, ya que este el único sistema creado por Dios para visitar dimensiones de luz en forma natural, en un tiempo preciso y sin riesgos.

Los templos de luz, o ciudades etéricas, son visitados por miles de almas durante la noche mientras los cuerpos duermen. Aunque para muchos no existen, forman parte del cosmos lo que los hace misteriosos e inimaginables, difíciles de descubrir pese a su fácil acceso. Debido a su ubicación, estas dimensiones solo pueden ser visitadas por el alma, que encuentra en ellas iluminación y grandes herramientas de desarrollo para alcanzar la madurez espiritual.

Para llegar a estas dimensiones sanos y salvos es necesario practicar ciertas disciplinas y fluir durante el ciclo del sueño sin contratiempos de ningún tipo. Y son los hábitos que se tienen antes de dormir los que determinarán el provecho que se obtenga en cada noche de descanso. Darle al cuerpo una alimentación sana, horas suficientes de sueño, pronunciar oraciones en el nombre de Dios que guíen y protejan, proporcionan una importante limpieza energética que permite acceder sin ninguna dificultad a estos templos llenos de pureza. Si el "ropaje" mental, emocional y físico está muy "sucio", el acceso a ellos es imposible.

Cuando el cuerpo duerme el alma inicia sus aventuras nocturnas en las que puede conocer lo desconocido, aprender lo inimaginable y resolver lo que se creía imposible. Sin embargo, el viaje nocturno del alma que no se practica bajo ciertas condiciones, corre el riesgo de quedarse en un viaje sin frutos abundantes para el ser individual y social.

La falta de información sobre este tema ha llevado a la práctica constante de conductas nocivas que afectan el buen descanso, y por lo tanto los beneficios que nos proporciona la salud en el sueño. Una vez que se desarrolla esta conciencia resulta más fácil mantener una vida equilibrada. Por lo tanto, en vista de los resultados de la agitada vida nocturna actual, se hace necesario reencontrar las razones divinas del por qué hay horas especialmente destinadas para dormir, recuperando así, poco a poco, mientras se duerme, la información que la Creación nos depara a todos y cada uno de nosotros.

Durante el sueño se producen infinidad de beneficios para el organismo: se recuperan las energías físicas, mentales y emocionales tan necesarias para rendir en el día a día; se realiza la distribución de los nutrientes alimenticios y la regeneración celular en el cuerpo, entre otros. Y también ocurre el más importante desde el punto de vista espiritual: se sueña para recibir los mensajes secretos entre el alma y el sistema cósmico, sin interrupciones, alteraciones ni influencias externas.

Los sueños forman parte de un lenguaje que proviene de dimensiones hasta hoy poco estudiadas por el hombre, en las que, a través de una simbología propia, el inconsciente aprende a comunicarse con el consciente, creando su propio puente de comunicación entre el exterior y el interior, conectando olas de energía, equilibradas o exorbitantes, con mensajes secretos para el alma personificados y codificados, haciéndonos comprender que somos almas en un cuerpo que también fue creado para funcionar en el ciclo del sueño.

Personajes importantes de la historia han dedicado sus vidas al mundo onírico, y al integrar la psicología a la simbología de los sueños han proporcionado a la humanidad métodos que ayudan a comprender las conductas que preocupan a los individuos.

Los sueños han sido fundamentales en la vida de los hombres. En tiempos de reyes, reinas y batallas, era esencial contar con un intérprete de sueños que encontrara significados que auxiliaran en la toma de decisiones lo más asertivas posibles.

Los sueños son una gran herramienta que, sabiéndola usar, nos ayuda en el autoconocimiento en forma íntima y segura, y nos advierte sobre conductas inconscientes e incorrectas que pueden poner en riesgo cualquier tipo de estabilidad individual. Ayudan a recordar talentos olvidados; sirven para prepararnos para recibir las nuevas etapas de la vida; anuncian cosas buenas o alertan sobre cualquier posible tragedia. Los sueños permiten ver y a escuchar más allá de lo que muchas veces se puede lograr despierto y distraído en el barullo de la cotidianidad.

Cuando se alcanza la comprensión total de este lenguaje se accede a un mundo inigualable de reflexiones, soluciones, avisos, anuncios y previsiones para lograr el desarrollo saludable del alma.

El tiempo destinado a dormir es el tiempo establecido sistemáticamente para regenerarnos cada veinticuatro horas. Restarle imprudentemente horas al descanso es restarle horas a la vida y oportunidades al alma.

Mientras dormimos, el alma se transporta hacia diferentes dimensiones según las energías con las que esté vibrando. Cuando estas se mantienen en alta frecuencia, sus visitas son guiadas hacia los mundos celestiales. Este tipo de viajes son posibles mediante uno de los cuatro cuerpos inferiores, el más ligero y más sutil, el cuerpo etérico, permitiendo al cuerpo mental, emocional y físico que realice el trabajo de descanso para la regeneración celular y energética del organismo. Estos cuatro cuerpos viven en el mismo templo, donde cada uno se desarrolla con el objetivo principal de lograr la integración en equilibrio.

Poseer cuatro cuerpos nos hace seres muy fuertes, ya que si uno de ellos se debilita por alguna razón, alguno de los otros lo puede sostener en el proceso.

Aunque solo es visible el cuerpo físico, los demás pueden sentirse y conocerse a través de los pensamientos, las sensaciones y los recuerdos constantes. La buena interacción de unos con otros se ve reflejada en la calidad de la salud diaria.

El alma fue vestida con estos cuerpos para su evolución a la caída de la raza de Adán y Eva:

Enseguida Yahvé Dios hizo para el hombre y su mujer unos vestidos de piel y con ellos los vistió.
Génesis 3:21

A partir de entonces, todos tenemos cuatro cuerpos:

- *El cuerpo mental*: lugar donde se construyen y viven los pensamientos.
- *El cuerpo emocional*: el espacio donde se mantienen vibrando nuestras emociones.
- *El cuerpo físico*: la materia donde se alojan y se hacen físicas las vibraciones de los otros cuerpos.

El cuerpo etérico es el vehículo en el que se transporta el alma hacia diferentes planos. En este espacio también se guardan los registros energéticos de los sucesos vividos a lo largo de varias encarnaciones. En él se transportan las energías del tiempo, especialmente cuando se está durmiendo o realizando una meditación profunda.

Por este medio el sistema cósmico permite visitar los mundos celestiales, trayendo consigo los mensajes necesarios para la comprensión del aquí y ahora bajo la guía divina. También es el cuerpo que conduce el alma hacia los siguientes niveles una vez terminado el ciclo terrenal, dentro del proceso de la transición, conocido como muerte.

Pero al ser este cuerpo el más ligero y tener estas funciones, requiere de un cuidado especial, además de que se contamina con más facilidad de las energías que ocasionan las preocupaciones, el dolor, el odio, la tristeza y los malos pensamientos. Asimismo, es el más afectado cuando no se descansa el tiempo adecuado para la restauración energética.

Enfocarnos en la salud etérica es enfocarse en los hábitos saludables que se practican diariamente, tanto físicos como mentales y emocionales. De ello depende alcanzar las metas espirituales, mismas que se verán reflejadas en los resultados materiales.

En un cuerpo etérico sano las energías se transportan a la velocidad de la luz y la frecuencia vibratoria es más ligera. Despertar por la mañana de manera rápida, sin cansancio ni agotamiento, indica que el transporte se llevó a cabo en el tiempo correspondiente y se logró el avance de energías en el tiempo adecuado y sin interrupciones peligrosas.

Somos seres de luz, veloces, radiantes, almas luminosas recuperando la totalidad de nuestro brillo en este ciclo terrenal.

Antes de dormir es importante meditar en esta frase tantas veces como sea posible, hasta lograr ver a quienes conforman nuestros mundos como seres resplandecientes, hijos de la misma fuente.

Cuando se le da importancia a dormir diariamente con buenos pensamientos, buenas lecturas, buenas conversaciones y oraciones de paz, se conocen los verdaderos beneficios de la noche.

En la preparación de este tipo de viajes nocturnos, también es conveniente aprender a invocar a los grandes seres de luz, cuyas vibraciones son tan altas que ayudan a mantener la frecuencia vibratoria necesaria para acceder a estos templos divinos.

Los sueños representan un lenguaje divino creado para los seres de luz que están evolucionando en la Tierra. Pero también pueden ser interpretaciones de energías no resueltas, fáciles de manipular por las bajas vibraciones que acechan la noche.

Sin importar la religión que se practique, sintonizarse con la protección de Dios y un ser de luz como un ángel, una virgen o un santo, permite mantener las energías que componen la estructura del alma lejos de cualquier amenaza o influencia negativa externa.

Por mi parte, desde hace varios años me encomiendo cada noche a san Miguel Arcángel, ese hermoso ser del reino angelical que mantiene las vibraciones de la Protección, Valentía, Fe y Verdad dentro de su campo de luz. Su misión es cuidar a los hijos e hijas de Dios en evolución. Es el capitán de las huestes angelicales y con ello tiene a su cargo el trabajo de miles y miles de ángeles en la Tierra y en el Cielo. Este arcángel es reconocido en casi todas las religiones del mundo y se le conoce como el gran defensor de los hijos de Dios.

En aquel tiempo se levantará Miguel, el gran
príncipe que vela sobre los hijos de tu pueblo.
Será un tiempo de angustia cual nunca hubo
desde que existen las naciones hasta entonces.

Daniel 12:1

Y fue hecha una grande batalla en el Cielo,
Miguel y sus ángeles lidiaban contra el dra-
gón; y lidiaba el dragón y sus ángeles.

Apocalipsis 12:7

Elevar una oración a este maravilloso ser antes de dormir garantiza que nada peligroso pasará durante el sueño, ya que las energías se mantienen en movimiento entre una y otra dimensión. Su misión es cuidarnos dormidos o despiertos. Cuando se le invoca durante el día o la noche está atento a nuestras peticiones, y por ser energía pura en su máxima expresión nos atiende a la velocidad de la luz ante cualquier emergencia que ponga en riesgo nuestra vida y la de nuestros seres queridos.

Se puede empezar a practicar pedirle auxilio de la siguiente forma:

¡Arcángel Miguel, auxíliame ahora!

Repetir este mantra hasta memorizarlo y hacerlo parte del lenguaje espiritual que conecta con el reino angelical y sus vibraciones. Su compromiso se cumple cuando pedimos su ayuda abiertos a recibirla.

Hay una gran cantidad de oraciones dedicadas a este hermoso arcángel que se pueden encontrar en la religión que se practique, ya que en la mayoría de ellas es reconocido, venerado y respetado. Cuando buscamos constantemente su presencia, las energías en evolución que nos mueven en este ciclo terrenal se mantienen bajo su custodia y cuidado, haciendo que nuestro flujo de luz se mantenga fuertemente protegido.

La falta de protección divina pone en riesgo todo lo que somos y venimos a ser. Dedicar tiempo a Dios en rezos y plegarias es brindarle parte del diezmo que se nos pide como hijos fieles y sinceros que saben corresponderle a sus padres. Estas oraciones dedicadas al Padre universal se convierten en energías de protección, provisión y unión en las familias donde se cumple esta orden.

Pagar el diezmo en oraciones e ingresos económicos es apoyar a Dios en su trabajo con la humanidad. Es expandir las joyas de su sabiduría por todos los templos que se han edificado en el mundo. Aunque este mandato fue mal utilizado por algunas órdenes religiosas, es una gran oportunidad individual para formar parte del sistema de prosperidad del universo. Dar el diezmo es compartir nuestras energías con el cosmos con la convicción de que a partir de ahí todo lo que se da y se recibe será con la bendición divina.

> *Entreguen, pues, la décima parte de todo lo*
> *que tienen al tesoro de mi templo, para que*
> *haya alimentos en mi casa.*
>
> Malaquías 3:10

El tiempo de oración que le dediquemos al Padre es energía que enviamos a su reino, la que por ley de correspondencia regresará a nuestras vidas con todas sus bendiciones. Tener hábitos de oración para el día y para la noche es algo que el alma sabe agradecer.

Las siguientes oraciones se concibieron para llenar de luz nuestras horas dedicadas al sueño y las de nuestros seres queridos. Pronunciarlas antes de dormir equivale a cubrirnos con sábanas de luz, manteniéndonos protegidos y cobijados toda la noche por lo divino.

A lo largo del libro se compartirán oraciones y afirmaciones para antes de dormir y al despertar. Dedicarle tiempo a Dios cuando termina y comienza el día es cumplir con el mandato de "Amarás a Dios por sobre todas las cosas", puesto que con estas acciones se demuestra que nada ni nadie es más importante que Él en nuestro diario vivir.

Estas oraciones se rezan una vez antes de dormir.

Oración para cubrirnos de serenidad con protección divina

En el nombre de Dios invoco la presencia de luz, del amado san Miguel Arcángel, protector de mis energías y las de mis seres queridos. Pido me asigne esta noche a uno de sus ángeles para que mi alma sea escoltada hacia los templos de la paz donde me abro a recibir las instrucciones necesarias para aprender a vivir con la serenidad que un ser de luz mantiene, bajo cualquier circunstancia.

Lo pido para mí, para mis seres amados
y para todo hombre, mujer y niño de luz
que está evolucionando en este planeta
Tierra, propiedad única de la mente
divina.

Oración para encontrar la misión del alma bajo dirección y protección divina

En el nombre de Dios, yo soy la luz de
san Miguel Arcángel, cuidando mis pasos
por la Tierra. Bajo su custodia pido me
sea asignado uno de sus ángeles para la
protección de mi alma esta noche durante
el ciclo del sueño. Con esta luz me abro
a recibir todas las instrucciones cósmicas
destinadas a mi evolución. Mientras
duermo, me cubro bajo su rayo azul
recibiendo las virtudes necesarias para el
cumplimiento de mi plan divino.

Lo pido para mí, para mis seres amados
y para todo hombre, mujer y niño de luz
que está evolucionando en este planeta
Tierra, propiedad única de la mente
divina.

Oración para alejar la tristeza atrayendo a los ángeles de la alegría

En el nombre de Dios invoco al arcángel Miguel para que escolte mi alma mientras duermo. Bajo su protección me transporto hacia los templos de los ángeles de la alegría, trayendo conmigo esta noche la información y el conocimiento que me ayude a encontrar la felicidad en este ciclo terrenal y más allá, bajo la custodia de mi ángel de la guarda. Yo soy un hijo de Dios.

Lo pido para mí, para mis seres amados y para todo hombre, mujer y niño de luz que está evolucionando en este planeta Tierra, propiedad única de la mente divina.

Interrupción de ciclo

Los ciclos son energías del cosmos administradas bajo un sistema de tiempo y espacio. Cuando el hombre interrumpe uno de los ciclos marcados por Dios, las consecuencias son adeudos con el sistema cósmico. Por lo tanto, el pago se exigirá dentro de los mismos ciclos del individuo. Al cosmos no se le puede deber nada ya que por ley de correspondencia nos exige la devolución de todo lo que nos da.

Aunque Dios nos ama de manera incondicional, sus leyes son inquebrantables. Por lo tanto, la ley de correspondencia nos exige actuar bajo el mismo sistema cósmico: dando es como recibimos. La energía con la que vivimos arriba y abajo proviene de la fuente; fue creada para ser devuelta al mismo lugar dentro del sistema cíclico en el que nos movemos. Toda acción amorosa dirigida a cualquier parte de la vida cumple con la ley de "Amarás a tu prójimo como a ti mismo", devolviéndose bajo este principio en forma multiplicada a la fuente que la otorga, permitiendo que la ley de correspondencia baje, entregue y lleve las energías que en un ciclo divino cumplen sus tiempos.

Las energías que implican el enojo, las contrariedades y las preocupaciones, provocan la interrupción del ciclo nocturno puesto que impiden que el cuerpo etérico transporte al alma hacia los templos de luz. La carga energética que se genera con sentimientos, pensamientos o emociones negativas influye indudablemente en este sistema de transporte destinado para nuestro bien absoluto.

Estas energías pesadas son también las responsables, tanto en niños como en adultos, de las pesadillas que ocurren cuando el cuerpo físico y emocional se ve afectado por energías que molestan, angustian o entristecen.

Quienes padecen esta situación generalmente son personas cuyo mundo mental y emocional está lleno de cosas pendientes y sin proceso de solución. Respecto a los niños menores de siete años, son las energías de la mamá las que provocan este vínculo discordante, ya que hasta esta edad madre e hijo comparten la misma aura. Aunque hay varias teorías sobre las pesadillas, trabajar para tener una conciencia tranquila, resuelta y madura, es una buena receta para mantener cada noche un sueño reparador y profundo.

Cuando no se debe nada a nadie, el cosmos y sus energías no tienen nada qué cobrar, manteniéndonos en el flujo determinado, rítmico y amoroso de la ley de correspondencia. Recordemos siempre que con la calidad con la que damos estaremos recibiendo.

El cuerpo etérico también puede verse afectado por una baja autoestima, hábitos alimenticios desordenados, grandes consumos de azúcar, depresión y ver la televisión hasta altas horas de la madrugada. Estas conductas hablan de una evasión constante de las pruebas y compromisos con la vida. El costo por esta evasión será cobrado a precios muy altos, facturados en enfermedades, pobreza o constantes periodos de tristeza.

Para librarnos de cualquier amenaza a nuestro descanso, ya sea por malos hábitos, energías oscuras o pesadez del cuerpo mental o emocional que no permite que el cuerpo etérico se desprenda a sus viajes nocturnos, además de llevar a cabo las indicaciones ya compartidas, también se puede recurrir a un mudra muy conocido en el mundo del cristianismo y sumamente poderoso y de efectos rápidos para alejar cualquier energía que pueda estar interrumpiendo las noches de reposo destinadas a la recuperación y abastecimiento de energías. Puede incluirse también como una buena costumbre antes de dormir: la señal de la cruz.

La señal de la cruz es poderosísima para la protección de los cuatro cuerpos inferiores y el equilibrio de nuestros dos polos, masculino y femenino. Recordemos que al ser creados por un óvulo y un espermatozoide las dos energías vibran dentro de nuestros cuerpos. Repetir este mudra antes de dormir y compartirlo con nuestros hijos, permitirá un descanso apropiado para el trabajo nocturno del alma.

También se puede pronunciar si se llegasen a percibir sensaciones extrañas durante la noche, ya sea por energías pesadas que se sientan en la habitación que amenacen convertirse en pesadillas. Persignarnos de inmediato nos refuerza el campo de protección, trayendo paz y tranquilidad para el sueño. Es importante acompañarlo con el poder de la voz.

Después de las oraciones nocturnas se recomienda cerrar con la señal de la cruz, si las creencias religiosas que se practiquen lo permiten.

Por la señal de la santa cruz [trazar una cruz en la frente al tiempo que se dice este mantra en voz alta].
De nuestros enemigos [trazar una cruz en la boca al tiempo que se dice este mantra en voz alta], *líbranos Señor Dios Nuestro* [trazar una cruz en el pecho mientras se dice este mantra en voz alta]. *En el nombre del Padre, del Hijo y del Espíritu Santo. Amén* [persignarse].

Si por alguna razón nunca se ha practicado este mudra, se sugiere buscar a alguien de confianza que dé una explicación clara y con el respeto adecuado.

Si la religión que se practica también tiene mudras de protección, se sugiere protegerse con ellos antes de irse a dormir.

Los mudras de protección, o sagrados, son símbolos que activan energías divinas por medio de nuestras manos. Es importante que el origen de cada mudra que se practique sea bien estudiado y explicado por quienes los enseñan.

El camino perdido

Nunca debemos irnos enojados, molestos o angustiados a la cama. Cuando se desoye esta advertencia el alma se expone a riesgos muy peligrosos, ya que lejos de ser transportada hacia los mundos celestiales, puede ser guiada por energías negativas hacia el mundo de los bajos astrales.

> *Enójense pero sin pecar; que el enojo no les dure hasta la puesta del sol, pues de otra manera se daría lugar al demonio.*
>
> Efesios 4:26-27

Esta es una de las tantas razones por las que se nos recomienda ir a dormir tranquilos y con todas las cosas resueltas de la mejor manera posible, y sobre todo encomendar nuestros sueños a Dios.

Cuando las energías o vibraciones negativas que se están generando son transitorias —por alguna experiencia difícil que se esté atravesando como una pérdida, una enfermedad o una angustia temporal—, son más fáciles de trabajar ya que no se han impregnado lo suficiente y pueden tratarse rápidamente para su fácil limpieza y curación.

Pero cuando estas energías llevan mucho tiempo impregnadas en la conciencia, influyen directamente en el proceso de los viajes nocturnos del alma provocando la constante interrupción de sus ciclos. Quienes viven con sentimientos de dolor, enojo, molestia, rencor y miedo, si no han generado enfermedades, son individuos inseguros, apagados, quejumbrosos, desordenados, de piel marchita y de pocos compromisos con la vida, todo ello como resultado de noches de poco sueño y por tanto de energías negativas acumuladas.

Ser personas amorosas y comprometidas con la vida es el trabajo individual más exigente que imponen las leyes del cosmos, pero es el menos cumplido, el más evadido, el menos buscado e irónicamente el mejor recompensado.

Saber encomendarse a Dios al abrir y al cerrar los ojos será, siempre, una de las mejores costumbres para el alma.

También se puede tener un libro de oraciones cortas, o un libro de novenas, para leer algo que nos encomiende a la divinidad de una manera garantizada. Las palabras que se usen en las oraciones elegidas deberán ser claras, conocidas, llenas de amor, misericordia y paz.

Cada noche el alma espera con ansia viajar hacia los mundos donde fue creada, ya que en ellos puede ver, conversar y convivir con seres que le proporcionan bienestar, guía y cuidado.

De la misma manera en que cuidamos nuestra seguridad tomando las debidas precauciones en el día a día, se recomienda cuidarnos mientras dormimos.

El riesgo no disminuye por el hecho de que solo estemos durmiendo, las energías no dejan de transportarse y conectarse entre una y otra dimensión. Los mundos energéticos existen, y a pesar de que no se pueden ver, vivimos y aprendemos de ellos todos los días, ya sea dormidos o despiertos.

Durante toda la noche el alma habla, negocia, aprende, discute, participa en algo (bueno o malo) que la hace parte del mundo que se vive en el ciclo del sueño. Por lo tanto, de la misma manera que nos preparamos para viajar hacia algún lugar de vacaciones o para cumplir con un compromiso, de la misma forma se recomienda hacerlo antes de ir a dormir: con orden, protección, alegría y gratitud.

Para saber si tuvimos un viaje productivo basta con observar nuestro estado de ánimo al despertarnos. Si es malo y poco tratable, las dimensiones que se visitaron fueron las del mundo más denso; en cambio, si se despertó de buen humor, agradeciendo el día y con ganas de seguir adelante, el viaje nocturno fue, sin duda, guiado hacia caminos llenos de luz.

Los sueños que provocan sentimientos de angustia, confusión o molestia son poco confiables, ya que su origen parte de las cosas no resueltas con uno mismo. También cabe la posibilidad de haber estado en lugares densos, donde el alma no puede explicar la angustia que le provocó estar ahí por razones ajenas a su naturaleza.

Darle la debida importancia al descanso va más allá de solo dormir, más allá de solo tener ocho horas de reposo. Su razón más importante es cuidar las energías que viven y se mueven dentro de cada alma que habita en un cuerpo que está aprendiendo, entre otras cosas, el lenguaje de Dios.

Ser personas saludables influye profundamente en el provecho que le saquemos al ciclo del sueño. Y como todo en la vida, solo los buenos hábitos nos ayudarán a lograrlo.

Prepararnos para emprender un viaje cada noche con la protección correcta de nuestras energías, con la convicción de que cada mañana, al despertar, traeremos respuestas adecuadas para resolver aquellas cosas que nos preocupan o afligen, es un hábito que, cuando se adquiere, se arraiga en nuestra vida con la intención de heredarlo a las futuras generaciones.

Cuando entramos al camino de la paz, las energías que tienden hacia la luz fluyen rítmicamente, permitiendo que el alma cumpla con éxito el propósito de su ciclo terrenal.

Descifrar los mensajes de luz

Si jamás se ha tenido interés por descifrar el mensaje de los sueños, o incluso ni siquiera se recuerda lo que se sueña, se está perdiendo una gran herramienta con la cual, al conocerla y practicarla, los caminos se abrirán hacia el bienestar del ser. Aunque los sueños se olviden, si se durmió con la disciplina correspondiente el alma traerá consigo los mensajes para su evolución y la solución de sus tribulaciones.

En este punto los más importante es que se empiece a recoger los frutos de las buenas costumbres que se van a desarrollar, una vez conocida su importancia. Si los sueños se recuerdan es para desarrollar virtudes dormidas y colectivas (familiares, laborales o sociales); si se olvidan una vez despiertos, los mensajes son muy personales. Lo ideal es que con las técnicas compartidas los sueños puedan recordarse siempre y con ello alcanzar su interpretación. Aunque para cada quien el lenguaje sea personal, hay símbolos que pueden interpretarse de forma más generalizada, ya que no olvidemos que todos tenemos que ver de alguna manera con todos.

De cualquier forma, en el dormir radican los viajes nocturnos del alma, y en este ciclo se pueden aprovechar las energías de los cielos para guiar nuestros pasos por la Tierra.

Las respuestas llegarán claramente por medio de la propia razón, a partir de la madurez, claridad y comprensión sobre aquello que está alterando la tranquilidad de la vida. Los mensajes de luz nos llevan a la comprensión de acciones o de actitudes que se mueven dentro y se reflejan afuera.

Recibir mensajes de otra manera pone en riesgo las energías en las que está envuelta el alma, ya que solo Dios y su sistema conocen los tiempos de crecimiento y despertar de cada uno.

El alma viaja mientras dormimos porque sigue trabajando en el logro de su evolución.

Dormir con preocupaciones es propio de personalidades con apegos, ya que al no soltar esas energías, estas invaden espacios destinados al descanso y al trabajo de Dios.

Cuando nos encomendamos a nuestra fuente inagotable de luz, entregándole con amor y respeto cualquier situación que amenace nuestra paz, estamos aceptando a Dios como nuestro máximo protector y apoyo terrenal.

Al final del camino, de una u otra forma las cosas toman el lugar que les corresponde. En los sistemas cósmicos nada se altera, todo se mantiene en perfecto orden.

No soltar es un apego que afecta a la mayoría de las personas, es una energía que lleva a la frustración y al resentimiento; dejar ir con amor y en conciencia nos conduce al inicio del éxito personal.

Cuando soltamos, renunciamos al ego permitiendo que las leyes de Dios se cumplan, trayendo el bien, por consecuencia, a todos los aspectos de nuestra vida.

El cuerpo de los recuerdos

Cuando hablamos de los viajes nocturnos del alma hablamos también de un medio de transporte, ya que cualquier viaje que hagamos requiere de un medio específico para ello. El cuerpo etérico antes mencionado, es el único medio para que el alma viaje hacia mundos más ligeros que el nuestro. También se le conoce como el cuerpo de los recuerdos, no solo de esta vida sino de vidas pasadas, ya que en él se conservan los registros de lo que fuimos en otras encarnaciones, de lo que hicimos y de lo que aprendimos.

Por medio de este cuerpo podemos contemplarnos en las dimensiones del pasado, ya sea por medio de un sueño o de una regresión. Las regresiones inducidas no se recomiendan porque en ellas se pueden ver situaciones que el alma no está preparada para enfrentar o conocer, poniendo con ello en riesgo la psicología de la persona.

Sin embargo, cuando este cuerpo se mantiene en equilibrio las regresiones pueden surgir de manera natural en sueños o meditaciones profundas. Esto es común, ya que las energías de las experiencias vividas intensamente se mantienen impregnadas en el cuerpo sutil, y la energía sigue el movimiento de esos intensos patrones energéticos que se grabaron como huellas en el cuerpo de los recuerdos.

Cuando un alma está suficientemente preparada, podrá moverse hacia una y otra dimensión durante el ciclo del sueño, pues al ser luz la energía se mueve del lado que se escoja, siempre bajo el conocimiento y el control divino que se ha mantenido en el interior, pudiendo así visitar estos mundos celestiales o dimensiones de vidas pasadas.

Una de las regresiones que más recuerdo tuvo lugar durante una de mis sesiones de decretos, frente a mi altar, hace algunos años. Mi cuerpo emocional pasaba por una fuerte experiencia de indecisión. Estaba probando las delicias del mundo material: la fiesta, los viajes, regalos costosos, todo ello acompañado de un frecuente entretenimiento nocturno. Alguien me quería a su lado como su "princesa" moderna.

Sin embargo, ya había establecido en mi vida una disciplina espiritual, y estar en este tipo de situaciones le restaba tiempo a mi altar y, por supuesto, a mi relación con Dios. Y aunque por fortuna mi vida siempre ha estado en equilibrio, esa vida me sedujo durante algunos meses.

Algo en mi interior intuía que mi destino no era con ese "príncipe" moderno, el que pacientemente esperaba una conducta o una respuesta que le indicara que podía contar conmigo como pareja. Aunque siempre he sido clara en mis metas, este tipo de amistad me estaba alejando de mi enfoque, y lo hacía con mucha tentación.

Una tarde, me encontraba frente a mi altar retomando mi sesión de oraciones y decretos —que había descuidado por algunos días— con profunda devoción por mi Padre y mis Maestros, y mientras rezaba las oraciones que ya me sabía de memoria con los ojos cerrados, tuve inesperadamente una regresión. El impacto fue tal que caí de rodillas ante mi altar, y en esta postura, manteniendo los ojos cerrados, reviví las escenas de esa época.

Me encontraba en Francia, en la época de Luis XV. Bajaba las escaleras de una hermosa mansión francesa. Lo hacía con mucha prisa, enojada, molesta por la situación. Aunque la fiesta ya había comenzado, sin mi presencia no podía tocarse la música principal. Tenía aproximadamente diecinueve años, llevaba un vestido azul con blanco; las telas y el diseño denotaban a la clase alta en la que había sido criada. Terminé de bajar las escaleras y saludé solo a algunos invitados, pese a que los demás esperaban mis saludos. Estaba llena de soberbia y al mismo tiempo sentía un frío vacío. Un hombre me tomó del brazo y me condujo al centro del salón; me sentí controlada, invadida, pero obedecí sus movimientos. La música empezó a tocar y el ego permitió que bailara espléndidamente. Mi rostro sonreía lleno de infelicidad.

Hasta ahí llegó mi regresión. Intuyo que el hombre era mi prometido y que en algún momento me casé con él y viví todas las consecuencias de esos acuerdos impuestos por las normas sociales, algo que no me gustaba pero que seguramente había a aprendido a obedecer. Regresé sana y salva a mi presente, aunque conmocionada por haber vivido la sensación profunda de una regresión y de un registro de infelicidad que me había marcado. Me di cuenta de que estaba a punto de vivir lo mismo si dejaba que esta relación me coronara como la "princesa" moderna con todos sus conflictos existenciales. Un error que se repite tanto acarrea consecuencias mayores que los últimos errores vividos. Había nacido nuevamente; estaba aquí, frente a mi altar, nada me llenaba tanto como eso; no podía perder todo el esfuerzo que había resultado en disciplina. En esa otra vida hice todo a un lado, incluso mi felicidad y mi relación con Dios.

Desde entonces realizo una oración en la que le prometo fidelidad a la luz, aunque mi meta es la Ascensión, para nunca más regresar a ese plano, y si por alguna razón vuelvo a nacer, quiero que se registre en mi cuerpo etérico esta promesa:

Amado Dios, Padre-Madre de mis energías, desde esta dimensión hasta las siguientes te entrego mi fidelidad y mi amor eterno por la luz que todo lo construye y lo comparte, por este amor. Yo soy.

Quizá en esa época no tuve las herramientas para defender mi parte espiritual, o tal vez sí pero no les di importancia. No sé hasta qué edad viví o qué hice después de esa noche; ignoro muchas cosas. Lo que sí sé en mi presente es que nada es más importante que Dios, en ninguna época, pasada, presente o futura.

Después de haber vivido esta regresión y haber comprendido que mis energías no habían sido creadas para dedicarme a los placeres mundanos, retomé tranquilamente mis disciplinas espirituales y mi estilo de vida equilibrado. Hablé con esa persona, le hice entender que no era la mujer adecuada para el, y sin más continué mi camino.

Oración para sanar el pasado

Yo soy la curación divina, que limpia las heridas de mis vidas pasadas. Las manos de Dios me sanan, me consuelan y me cuidan. Yo soy la inteligencia divina que corrige a tiempo los errores que atentan en contra de mi futuro. Vivo los tiempos perfectos de Dios cuando aprendo a vivir en mi presente.

Para tener una regresión de este tipo existen reglas para que se pueda llevar a cabo sin ninguna clase de riesgos energéticos. Se requieren dos características importantes: la primera, un respeto absoluto por los sistemas divinos; y la segunda, un ego completamente resuelto. Con estas dos claves se puede tener acceso por uno mismo a estas y otras dimensiones a través de meditaciones profundas, generadas por alguna disciplina o por las oraciones, como en mi caso. También pueden surgir en los mismos sueños. Sin estas dos características es mejor no intentarlo. Ni con estimulantes artificiales o "naturales", ni con personas dedicadas al psiquismo, ya que, además de estar en una línea muy peligrosa entre el Cielo y el infierno, los mundos que se visiten pueden llenar de falsos mensajes al individuo confundiéndolo en su regreso al mundo en el que está viviendo para crecer, además de que el ego se puede llenar de orgullo espiritual al creerse superior por haber entrado a mundos "mágicos".

Cuando este medio sutil se ve influenciado por sustancias consideradas como drogas o estimulantes para el sistema nervioso, el cuerpo se debilita y confunde y el alma desciende a dimensiones peligrosas. Entre más se consuman medicamentos o sustancias estimulantes o relajantes para el sistema nervioso, este vehículo etérico va perdiendo mayor fuerza natural. Y al perder la capacidad de distinguir la realidad de la irrealidad se vive frecuentemente en dos o más mundos, sin llegar a conocer por largos periodos de la vida a la divinidad donde ha sido creada.

Los planos del bajo astral son las dimensiones donde viven y se mueven las energías del mal, que también son fácilmente visitadas por las mentes psíquicas, a donde arriesgan a las almas que las consultan para ver más allá de estos mundos.

Recordemos que Dios tienes sus sistemas, los cuales no pueden ser influenciados por mentes ni energías menores a la conciencia cósmica. Cuando un alma ya dejó este plano, viaja a dimensiones donde solo las leyes de Dios puedan ubicarla.

El psiquismo que se usa para hablar al más allá está manipulado por seres del inframundo, y una vez que se ha hecho contacto con ellos la vida de la víctima entra a formar parte del juego de la oscuridad. La curiosidad, la desobediencia y los pesados cargos de conciencia han rebasado los límites que la naturaleza nos marca, establecidos para el funcionamiento ordenado de las evoluciones de las razas.

Cuando se siente la necesidad de hablar con alguien que ya hizo su transición de este mundo a otro, basta con escribirle una carta en el nombre de Dios, donde se redacte todo aquello que se desea comunicar.

Las cartas son un medio de comunicación eficaz. Así como enviamos un *mail* con la seguridad de que llegará a la bandeja de entrada, o una carta por el correo convencional para que llegue a su destino, el sistema divino nos ha enseñado los beneficios de la correspondencia cósmica.

Escribir cartas es una forma amorosa, eficaz y rápida de sanar el alma. Tomarlo en cuenta y hacerlo a nuestro favor nos abrirá a mundos de incalculables oportunidades.

Una carta y muchas oportunidades

Redacción de carta para las personas que ya hicieron su transición y dejaron cosas pendientes por resolver o compartir:

En el nombre de Dios yo [tu nombre]
escribo esta carta para ti [el nombre de
quien hizo su transición] *para compartir
mi profundo sentir con tu partida* [escribir
lo que se desea decir].

Al terminar, firma con tu nombre completo y rúbrica. Eleva algunas oraciones conocidas en el nombre de Dios. A continuación, quémala hasta que se consuma completamente.

Ten la plena confianza de que esa carta será entregada. Aunque primero pase por los procesos celestiales correspondientes, tu ser querido la leerá y llegará a un acuerdo de amor con tu alma para alcanzar la paz y la tranquilidad entre tú, él y todos los involucrados. También puede escribírsele a quien no fue un ser querido pero con el que, sin embargo, hay cosas importantes que concluir.

Las razones principales por las que un alma cierra su ciclo terrenal o decide irse de este plano son: la primera y más común, porque ya no pudo contener en su mundo las energías que vino a resolver y que seguían pendientes, desviándose cada vez más y más de su camino original, generando con ello grandes cúmulos de deudas energéticas, prefiriendo, bajo acuerdos cósmicos, renunciar al contrato divino vigente para buscar nuevas oportunidades en otros planos. La otra razón es porque simplemente terminaron su misión o ciclo.

Sea cual sea la causa de su partida, quienes se van dejándonos un profundo dolor con su ausencia también nos dejan, sin duda alguna, lecciones emocionales para seguir valorando minuto a minuto la vida y lo que tenemos en ella.

El desapego es una de las grandes enseñanzas que se nos obliga a aprender al principio y al final de nuestra existencia.

Dejar ir es el precio más alto que se paga para lograr el desapego. Soltar en el momento correcto nos hace fuertes, sabios y valientes.

Cuando soltamos permitimos que el alma continúe con los trabajos que le corresponden. Mantenerse en situaciones o historias que no pertenecen al nivel actual del alma encadena las energías a las dimensiones del pasado, deteniendo el avance hacia el presente y el futuro en evolución.

Encadenar el alma a falsos conceptos es muy fácil y mantenerla así por eones y eones es muy común. Esto lleva a generar apegos sumamente peligrosos.

El hombre se encadena a los conceptos de los otros olvidando que viene de una mente que nunca somete ni obliga, que redime, suelta y acepta el arrepentimiento de cualquier alma para mantenerla en su cercanía amorosa.

Solo por medio del libre albedrío se llega a Dios. La libertad que ejercemos para integrarnos a Él es el ejemplo que habilita nuestra divinidad liberando nuestros apegos.

Llorar por nuestros seres amados cuando parten de este mundo y abrirse a vivir el dolor sin perder el equilibrio forma parte de la sanación y curación del alma. Cuando se llora, las emociones dolorosas fluyen. En nuestro interior todo se mueve para acomodarse poco a poco en el afuera. En esos momentos hablar de resignación sale sobrando, y quienes hemos sufrido una pérdida fuerte sabemos que el tiempo y los buenos recuerdos de la relación son el bálsamo que cura poco a poco esas heridas.

Expresar el amor en nuestra familia con besos, abrazos, acciones y palabras en el presente, suplirá en su momento, con buenos recuerdos, la ausencia de un ser querido.

Los sistemas de Dios son perfectos; comprenderlo, reconocerlo y aceptarlo absolutamente cubre con su gracia cualquier dolor, ayudándonos a mantener el equilibrio.

El dolor no debería existir en los corazones de los hijos e hijas de Dios, pero nos hemos aprisionado en la Tierra y perdimos la llave de la celda; el paso debe ser libre y no doloroso.

Cuando alguien trata de alterar el sistema de Dios con conductas que provocan a una o más personas un profundo dolor por su inconsciencia, solo el perdón puede suplir cualquier carencia que se haya activado. Las pruebas del alma siempre serán de la magnitud que se necesita para lograr la madurez y con ello su evolución.

A las almas que han sido asesinadas o que fallecieron en un accidente trágico se recomienda escribirles lo más rápido posible la carta que se compartió en párrafos anteriores, explicándoles lo que está pasando para que puedan comprender los cambios abruptos de dimensión, elevarles muchas oraciones y encomendarlas de inmediato a san Miguel Arcángel. Es importante describirles cómo es este arcángel para que lo distingan y lo sigan durante el proceso que dure su transición. De esta manera se evita que se pierdan en las muchas dimensiones por las que pueden pasar, según el nivel de energías que se estén transportando de un lugar a otro.

Cuando un alma creada por Dios cierra su ciclo en la Tierra, requiere de mucha oración para continuar su avance. Cuando el cuerpo es devuelto al mundo de los hombres, el alma continúa su viaje de luz hacia los cielos divinos.

Las oraciones ayudan inmensamente a que la transición sea mucho más rápida y menos dolorosa para todos los involucrados.

Cuando pasamos por ese trance, todos los hijos e hijas de Dios necesitamos luz para avanzar, evitando de esta manera quedarnos a medio camino. La luz es energía que mueve e ilumina. Ofrecer oraciones, misas y rezos a las almas en transición es darle apoyo incondicional a sus avances. Cuando se dan desde el corazón, la transfusión de energía cubre más rápido sus necesidades.

Cuando las almas no reciben este apoyo, es probable que queden atrapadas en dimensiones poco favorables para su regreso al corazón de su Creador.

Cuando una persona se suicida rompe su contrato de vida abruptamente sin el consentimiento divino. Aunque esto está muy penado por la ley cósmica, también se consideran energéticamente las razones por la cuales el alma tomó esa decisión.

Hay una redención amorosa por parte de Dios, que se cumple siempre y cuando su voluntad lo permite. Ofrecerle al alma 40 misas diarias en unión de sus seres queridos más cercanos, puede rescatar el alma del mundo a donde se van quienes comenten ese acto.

La oración es luz, y cuando nos vamos de este ciclo terrenal nuestra mejor compañía son las voces de quienes oran por nuestra alma.

El inframundo conoce las debilidades del hombre en evolución; por ello, es necesario mantener la guardia en todos los aspectos: como primer punto, aprender y practicar todos los recursos conocidos. En segundo lugar, y no por eso menos importante, aprender a darnos cuenta de las veces que faltamos a las leyes de Dios por la influencia de la oscuridad. Es nuestra luz la que estamos perdiendo, o aumentando, cada día, y toda energía llevada a una acción responderá con una consecuencia. Todo lo creado o destruido va cimentándose en resultados.

Mucha maldad ha sido transportada a este plano por medio de aquellos que bajan frecuentemente a esas dimensiones, trayendo consigo mensajes subliminales de autodestrucción, guerra, suicidio y depravación. Según las estadísticas, es alarmante el aumento anual de personas que practican algún tipo de conducta agresiva consigo mismas, ya sea por medio de una adicción, fanatismo, idolatría, negligencia o suicidio.

Esto va, sin duda, degradando la integración familiar, modelo del bien cósmico en la Tierra. La madre, el padre y el hijo son el patrón del diseño original de la sagrada familia, conceptos que se van perdiendo entre las nuevas generaciones. Rescatar a la madre que ama, cuida y cría, pese a las exigencias del tiempo, es tan importante en la actualidad como reencontrar al padre protector y valiente que mantiene la integridad y la unión del núcleo familiar.

Compartir con la familia una morada cálida, amorosa, respetuosa, limpia y llena de paz, es el principio para crear el bien en la Tierra. Todos los hogares del mundo tienen esta encomienda. Empezar por el nuestro es una obligación espiritual y un compromiso con las almas que dependen de eso para reencontrarse con Dios.

Se está tan preocupado por aprender de prisa, que tomarse las cosas con la calma necesaria para crecer y madurar es considerado por la mayoría de las personas como una pérdida de tiempo. Mientras la humanidad corre apresurada en los medios de comunicación, en sus relaciones, en sus inventos de ingeniería genética y en la creación de enfermedades, la madre Tierra cumple sus ciclos a tiempo y sin prisas, desfasándose de los pasos colectivos de la humanidad, la que, con su paso veloz, entiende menos los obedientes ritmos de la madre Tierra.

Cuidar la luz y la de nuestros seres queridos se logra también al hablar de Dios con la conciencia en el Padre-Madre creador de los sistemas universales, quien cuida día y noche a sus hijos en evolución. Reconocerlo como la fuente que provee es reconocernos como una de sus máximas creaciones, ya que si nos alimentamos diariamente de esas magníficas energías debemos ser tan magníficos como Él, conteniendo sus virtudes en todo lo que somos y venimos a ser.

Vivimos en un sistema divino con reglas para funcionar correctamente. Quienes se salen de este sistema se complican la existencia, dificultándosela a todos los demás. Amar a Dios por sobre todas las cosas es la regla que nos corona con su gracia, cuando no deja de cumplirse por sobre todas las cosas, esperadas o inesperadas que se presenten.

Desintoxicar el cuerpo sutil

Generar una nueva cultura del cuidado del cuerpo sutil conduciría al inicio de grandes cambios en la humanidad. Se han ofrecido varias alternativas, algunas con mucho éxito, otras no tanto, pero cuidar el cuerpo sutil en el ciclo del sueño es una propuesta nueva, sana y amorosa para llegar a tiempo y triunfalmente al término de nuestros ciclos terrenales y cósmicos.

Se han buscado formas para sacar lo mejor del ser humano en educación, avances tecnológicos y medicina, pero esta alternativa, poco atendida, al empezar a practicarla diariamente nos proporciona a corto plazo una calidad de vida asombrosamente equilibrada en todos los sentidos.

Uno de los primeros pasos para hacerlo correctamente es empezar a observar lo que hacemos diariamente. Qué tipo de adicciones se practican, la calidad de alimentos que se eligen y las horas de sueño que se le dedican a la noche.

La evasión hacia la realidad es una de las grandes mentiras que el cuerpo sutil sufre en su paso por la Tierra. Decir que no pasa nada y que nunca pasará es la perversión que da origen a las desgracias del ser humano.

Disminuir el consumo de azúcares, alcohol, nicotina, medicamentos innecesarios, cafeína, harinas refinadas y drogas inofensivas o agresivas, es indispensable para obtener el gran beneficio de limpieza energética.

Hay que tener hábitos espirituales saludables, eliminar lo más que se pueda cualquier tipo de superstición, ya que muchas de ellas le restan un lugar importante a Dios y nos envuelven en energías incontrolables para nuestra naturaleza humana, y lo más triste, las heredamos a nuestros hijos creando generaciones llenas de falsas creencias que le roban un importante espacio a la verdad.

Recordemos que la vida es un ciclo terrenal en el que el objetivo principal es la evolución del alma. El éxito de esta evolución dependerá de la calidad genuina de nuestras acciones. Toda acción es impulsada o motivada por nuestras emociones y el cuerpo emocional es influido por las sustancias que se consumen a lo largo de la vida. Todo pensamiento, bueno o malo, tendrá su origen en el cuerpo emocional, por lo tanto, nuestro libre albedrío consciente es el que decide conducirnos por el buen sendero o a la perdición.

Los siguientes puntos son básicos para el cuidado diario del cuerpo etérico:

- Desintoxicación
- Ayunos
- Meditación
- Oración

Desintoxicarnos de cafeína, azúcar, alcohol, harinas, carnes rojas y sustancias químicas es una tarea que se recomienda hacer con frecuencia. La desintoxicación se lleva a cabo dejando de consumir cualesquiera de estos productos durante una semana o más, y en su lugar consumir tés o líquidos purificadores. Los ayunos también se pueden hacer de acuerdo con las costumbres de cada persona, ya sea no consumiendo ningún tipo de alimento hasta cierta hora del día por una o varias semanas.

Ayunar hasta las doce del día durante nueve días puede ser un buen comienzo para poner en práctica esta propuesta. Los días más recomendables para guardar ayuno hasta cierta hora son los domingos o los días de Semana Santa.

Algunas religiones establecen la costumbre de ayunar durante días completos, sin comer nada, dedicándose mientras observan el ayuno a alabar a Dios con cantos u oraciones. De esta forma no solo limpian el organismo, también limpian el alma y el espíritu.

El alma es una porción de la energía de Dios individualizada dentro de nosotros que busca diariamente mantener y aumentar su luz para continuar existiendo. El espíritu es la fuente que proporciona las energías que se buscan. Cuando el alma de alguien transita por caminos confusos y dañinos, el espíritu que la alimenta no es precisamente el espíritu de Dios.

Entró en aquella sinagoga un hombre que estaba en poder del espíritu malo y se puso a gritar: "¿Qué quieres de nosotros Jesús de

Nazaret? ¿Has venido a destruirnos? Yo sé
que tú eres el santo de Dios". Jesús le hizo
frente con autoridad. "¡Cállate y sal de ese
hombre!" El espíritu malo revolcó al hombre
en el suelo y lanzó un grito tremendo, pero
luego salió de él.

Mateo 2:23-26

La fuente de luz nos proporciona bienestar al darnos la fuerza para cumplir exitosamente con todos los desafíos que encontraremos en el ciclo terrenal. Solo Dios es esa fuente de luz. Quienes trabajan en su conciencia divina trazarán un camino claro, sin confusiones, sin falsas promesas y sin intereses propios, con la única intención de ayudarnos a llegar a Él.

"Los espíritus malos", como se les llamaba en aquellos tiempos, también son conocidos como los espíritus rebeldes que van en pos de la ruina de las almas. Buscan la luz de los hijos e hijas de Dios, aquella luz que se les otorgaba cuando reconocían a nuestro Padre como el único creador de todo lo visible e invisible. Cuando el arcángel rebelde luchó contra san Miguel Arcángel (el Incorruptible), al ser vencido fue lanzado de los cielos perdiendo todo el privilegio divino que se nos concede al obedecer las leyes del Creador de todos los ciclos universales.

El rebelde fue lanzado con miles y miles de legiones de ángeles que tenía a su cargo y que habían sido creados para obedecerlo. Por lo tanto, sin pensarlo dos veces lo siguieron hacia al inframundo, descendiendo los 33 escalones que conducen hacia los astrales más bajos.

Cuando la luz que contenían se les fue agotando, sintieron el dolor de la desobediencia. Arrastrándose en agonía, planearon estrategias para llenarse nuevamente de luz, y usando la poca energía que les quedaba lograron subir al plano del hombre y la mujer en evolución.

> *La serpiente dijo a la mujer: "No es cierto que morirán. Es que Dios sabe muy bien que el día que coman de él se les abrirán los ojos; entonces ustedes serán como dioses y conocerán lo que es bueno y lo que no lo es".*
>
> Génesis 3:4-5

Los hilos del ego, tejidos de traición

Sembraron la semilla del ego en sus mentes haciéndoles creer que podían ser como Dios; rompieron los acuerdos con su Creador padeciendo las consecuencias de la desobediencia; enfrentaron sus límites ante experiencias desconocidas; optaron por negociar su luz con las falsas creencias que les ofreció la oscuridad. La lucha de egos y poderes empezó a crecer hasta llevarlos a la ambición desenfrenada, alejándolos cada vez más de los valores internos.

El hombre y la mujer descuidaron sus energías en peleas, vicios, negocios ilícitos, destrucción de naciones, racismo, división de familias creando, difundiendo y estableciendo leyes que destruyeron su integridad. Mientras la humanidad se vaciaba de luz, la oscuridad la bebía, sedienta y contenta. El príncipe del mal empezó a ganar terreno

Crearon mundos llenos de trampas y estrategias para seguir existiendo sin el abastecimiento de la fuente. Compraron almas a cambio de fama y poder; ofrecieron "delicias" sin medida a los cuerpos físicos construyendo un falso paraíso en el que el culto al placer era la máxima prioridad.

Aprendieron a robar la luz de los chakras y de las mentes de los hombres y las mujeres; se infiltraron en los jóvenes y los niños; los drogaron, les robaron la inocencia, la vendieron, la maltrataron y pervirtieron.

Desplazándose con sutileza se ganaron la confianza de sus víctimas, quienes una vez atrapadas se perdieron en los caminos de la pena y el dolor.

Todos ellos viven en los bajos astrales, en las energías más densas jamás imaginadas por las mentes de luz. Son alimentados por quienes les rinden cultos y ceremonias, por aquellos que se mueven en la locura del poder, la venganza y el placer desenfrenado de la carne.

Crearon grupos en la Tierra que en sus sectas les ofrecen rituales satánicos, misas negras, trampas colectivas, ritos disfrazados de conciertos en donde la multitud enloquecida les proporciona grandes oleadas de luz rindiéndoles culto con idolatría.

> *Por medio de estos prodigios le ha sido concedido obrar al servicio de la bestia; engaña a los habitantes de la Tierra y los persuade a que hagan una estatua en honor de la bestia que, después de ser herida por la espada, se había recuperado. Se le concedió dar vida a la estatua de la bestia, hasta el punto de hacerla hablar y que fueran exterminados todos los que no la adorasen.*
>
> Apocalipsis 13:14-15

Aunque la humanidad ha sido advertida de esto, en cada época, en cada raza, en cada tiempo, la ignorancia a la ley ha proliferado entre las viejas y nuevas generaciones. Fingir que no pasa nada ha sido la causa del derrumbamiento de ciudades enteras; desafortunadamente la necedad humana solo cree en el peligro cuando está pasando, o cuando ya pasó con consecuencias dolorosas.

No se trata de vivir en el pánico ni en el temor; no se trata de cambiar conductas a través del miedo, como hicieron algunas órdenes religiosas durante mucho tiempo. Pero desafortunadamente y en la mayoría de los casos, el respeto a Dios se expresa solo cuando nos damos cuenta de que las cosas solo dependen de sus manos.

Hacernos cargo de nuestros adolescentes es una urgencia mundial; regresarlos al hogar, recuperar la jerarquía del padre o de la madre al abrirles las puertas del corazón, cerrándoles las puertas de la perdición. Nos estamos quedando sin jóvenes; cada vez están más apegados a las voces de la noche; mueren a edad temprana ya que las adicciones, el suicidio o los accidentes les arrancan su plan de vida.

Atrás de todo esto están "ellos" en la voz que les propone, susurrando, sexo ilícito, drogas, suicidio, depravación y traición. Si se trata de un ídolo musical, sus propuestas son aceptadas, practicadas y difundidas. Los jóvenes consumen y se consumen, abren las puertas, crean enemigos internos, cediendo su poder a la oscuridad.

Los jóvenes repiten innumerables veces, a través del poder de su palabra, canciones que hablan de propuestas insólitas como malos romances, amar a Judas como la máxima figura de traición a Jesús, el único que ha dado su vida por nosotros, así como unirse para crear, entre todos, la nueva generación de "monstruos", tan solo por mencionar la mayor influencia de agravio personal e idolatría en los últimos tres años, a nivel mundial, entre los jóvenes de catorce a veinte años de edad. "La madre de todos los monstruos", como se hace llamar una ídolo musical en la actualidad desafía a la luz, haciendo de forma directa la guerra a los hijos nacidos en las altas esferas.

Estamos acostumbrados a creer que no pasa nada hasta que pasa. Repetir tantas veces una frase o varias frases en una canción, logra un registro en el inconsciente y supraconsciente, mismo que se llevará a la acción como un hábito normal pues las energías tienen un camino direccionado, no saben si es bueno o malo, solo reciben la orden y la ejecutan.

Dejemos de pensar que no pasa nada cuando lo que está pasando nos indica que hace mucho que las cosas se pusieron mal.

Cualquier cantante, artista, productor, actor, pintor, escritor o compositor que ofrezca propuestas contrarias a los ritmos naturales del universo, y con ellas acuerdos seductores para romper la ley cósmica, son proyectores de la oscuridad.

Oración para proteger a nuestros jóvenes y a nosotros de influencias negativas

En el nombre de Dios Padre-Madre Yo soy. En el nombre de mi santo ser crístico

de luz sobre mi alma, amado san Miguel
Arcángel, amados siete arcángeles,
amados ángeles guías, seres y poderes
cósmicos, invoco vuestras energías para que
desciendan en este momento y magneticen
todas sus virtudes sobre mis cuatro cuerpos
inferiores y sobre el de todos los jóvenes del
mundo, especialmente [decir el nombre
con apellido de sus hijos y jóvenes que
desean proteger o alejar de cualquier
conducta e influencia negativa],
desciendan y coloquen toda la luz
necesaria en estas almas de Dios, que se
magnifique la protección divina en todo lo
que hagan, digan y piensen. Fiat. ¡Arcángel
Miguel, desciende ahora a cuidarnos!
¡Arcángel Jofiel, ilumínanos! ¡Arcángel
Rafael, cúranos!

(El *Fiat* se repite nueve veces.)

En mi carrera como comunicadora me he encontrado con quienes no creen en la oscuridad, en los ángeles caídos ni en nada de esto. Recuerdo que no hace mucho tiempo, antes de entrevistar a un invitado en mi programa de televisión, le pregunté su opinión sobre el aborto, para medir desde mi punto de vista el nivel de su realidad divina. Años atrás ya lo había entrevistado en mi programa de radio, y me había parecido una persona eficaz en los temas que presentaba y convencida de lo que hablaba.

"En este mundo nadie tiene la culpa de nada; todos escogemos las situaciones que pasamos para crecer. Las almas que han sido abortadas escogieron a sus padres para que las abortaran. Nadie es culpable, cada quien tiene que vivir su experiencia", fue su respuesta sobre el aborto, acompañada de una sonrisa.

Coincidimos en que cada quien escoge sus experiencias una vez que ha nacido y crea su propia historia.

Me recorrió un escalofrío que me paralizó: estaba a punto de entrevistar a una persona que después de haber estado en mi programa de televisión iba a ser contactada por mis televidentes.

Sin mucho tiempo para responderle, salimos al aire. Conforme pasaban los minutos empezó a desarrollar su tema. Cuando lo consideré oportuno le volví a hacer la misma pregunta al aire: "Y esta filosofía de la que hablas, ¿qué opina sobre el aborto?". Pensé que por lo menos podría presentar dos puntos de vista a los televidentes y compartir con él mi concepto de la vida en el vientre.

Con la misma seguridad repitió la respuesta que me había dado frente a mi público. En cuanto terminó, expresé: "Ahora voy a dar mi opinión al respecto":

"Hay una ley divina que dice: 'No matarás'. Si la vida comienza desde la concepción, quienes interrumpen este ciclo están pasando sobre esta ley. Decir que es un acuerdo entre almas es creer que Dios mismo traiciona sus leyes. Pero Él es rectitud, no puede hacerlo; por lo tanto, la vida es un derecho para sus hijos y lo respeta como respeta sus propios derechos. No se puede decir que estos acuerdos vienen de almas, ya que los acuerdos tienen que ser supervisados por la ley cósmica y la voluntad de Dios antes de ser autorizados, y todos sabemos que la voluntad de Dios va en dirección del amor en toda su expresión. Quienes abortan lo hacen por miedo, vergüenza o ignorancia, y ninguna de esas tres cosas viene de Dios. Un médico que introduce cualquier utensilio para arrancar un cuerpo indefenso del cordón umbilical de su madre, no puede hacerlo por acuerdo divino. Sin duda lo hace por acuerdos entre humanos. Sin embargo, respeto tu punto de vista y agradezco que nos compartas tus filosofías para enfrentar la vida con éxito".

Los minutos restantes se me hicieron eternos; y si bien mi invitado se sintió incómodo con mi opinión, tratamos de ser cordiales hasta el final.

Cuando se lleva a cabo un aborto, la luz que emana de ese asesinato es tan pura y tan radiante que los ángeles caídos beben gustosamente esa energía para seguir existiendo, ya que fueron los que promovieron esa práctica y la difundieron por todo el mundo entre todo tipo de clases sociales y culturales.

En cambio, cuando un bebe nace, cientos de ángeles cantan a su alrededor durante 40 días, elevando con ello la frecuencia vibratoria del planeta.

Los niños de la séptima raza raíz tienen que nacer. Es una raza muy pura; no tienen karma ni nada que recordar. La humanidad no está preparada para recibirlos. Por ello, son muy pocos los que han sido enviados hasta hoy, muy pocos de una raza importante. Con esta raza se termina el ciclo de siete razas, de las cuales solo dos han terminado su evolución completa.

Nosotros somos la tercera raza raíz y aún estamos en proceso de evolución. Ya han nacido almas de la cuarta, quinta y sexta raza raíz, las que tampoco han terminado sus ciclos. Y aunque estamos energéticamente amontonados, Dios Padre-Madre sigue dándonos la gran oportunidad de llegar a su corazón. Mientras su sistema nos abre el camino, el hombre se empeña en bloquear la llegada de las nuevas almas.

¿Por qué, entonces, a pesar de tanta historia conocida, contada, narrada, investigada, confirmada y grabada sigue el hombre en su necedad de competir con Dios? ¿Por qué la historia sigue hablando de lo mismo, desde tiempos remotos hasta el día de hoy?

Cuando el hombre logra desarrollar sus capacidades y llega al punto extraordinario de obtener cuanto desea con sus propias energías, el ego también quiere reconocimiento. El hombre entonces pelea con otros hombres para que lo vean como dios. Exige que le rindan culto, lo reconozcan como ser supremo y lo pongan en el pedestal del ego, la soberbia y el orgullo espiritual. Entonces, todos aquellos a quienes tiene a su cargo se confunden o se sienten obligados a cumplir sus bajos deseos, influyendo así en el plan individual de cada quien y alejando del sistema divino a los más débiles y vulnerables, sometiéndolos de una u otra forma a que depositen todo deseo, expectativa y ganas de vivir en lo que él imponga o decida.

Entregar nuestro poder divino a alguien más ha sido el error más grande que se ha cometido en la humanidad.

Ser hechos a imagen y semejanza de Dios implica lograr el manejo del poder para servir a todos; compartir la luz abiertamente; servir para ayudar; con cada palabra emitida alabar al Cielo, y en cada acto compartido representar a Dios.

Alimentar el ego ha salido muy caro; ha costado reencarnaciones tras reencarnaciones, relaciones destructivas, pérdidas económicas, enfermedades mentales, emocionales y espirituales. Se ha hecho caso omiso de todas las experiencias pasadas y presentes, repitiendo el mismo tipo de conductas destructivas con uno mismo y con los demás.

El ego nunca estará satisfecho; mientras más tiempo se le dedique más poder ejercerá sobre su víctima. Un ego alimentado provoca soberbia; un ego lastimado genera venganza; un ego herido ataca a la autoestima; el ignorante siente envidia; el ego inteligente hace daño.

En cambio, un ego destrozado, aniquilado y deshecho da paso a la libertad del alma. Cuando se renuncia al ego, o se tuvo la suerte de que alguien hizo el favor de hacerlo añicos, no hay con quién luchar más ni con quién competir. La distracción disminuye, así como el desgaste y el deterioro, enfocándose en las metas del alma, seleccionando lo que vale la pena para enriquecer el interior. La rivalidad se convierte en hermandad, y lo más importante: se deja de alimentar a los demonios internos dedicados a buscar la luz del ser.

Es importante no confundir las aspiraciones y los anhelos con la ambición.

El ego ambiciona, desea, envidia las cosas ajenas. El alma aspira desde el aliento divino, haciendo hasta lo imposible por recuperar su lugar en el paraíso durante su paso por la Tierra.

Todo aquello que se logra con principios egoístas, lamentablemente tarde o temprano se extinguirá en un proceso lento y doloroso hasta dejar de existir.

Cuando nuestras decisiones están basadas en razones amorosas, misericordiosas, entusiastas, llenas de deseos y anhelos bondadosos, el logro y el éxito del alma son permanentes.

La siguiente afirmación nos ayuda a centrarnos en los anhelos del alma desde la bendición divina:

Yo soy el amor de Dios en todo lo que hago, digo y pienso. Mis acciones están llenas de confianza. Cada una me lleva hacia las energías de luz que guían mi camino. Yo soy la fuerza divina conectando

con las bondades del cosmos, recibo lo que
me pertenece desde la fuente que provee.
El bien desciende a mi vida cuando estoy
presente en la conciencia divina.

No existen el ego bueno y el ego malo. El ego se deriva del egoísmo, todo aquello que individualiza y separa. Quienes creen que a través del ego pueden obtener éxito, satisfacción, fama, dinero y belleza, viven en una irrealidad peligrosa. Aunque quizá puedan alcanzar algo de eso en algún momento, los resultados llevarán una etiqueta con fecha de caducidad en la que lo "logrado" pasará a formar parte de una historia sin frutos.

Cuando las cosas se empiezan a construir desde el amor y el respeto por uno mismo, los ladrillos van solidificando poco a poco una morada segura, permanente, duradera, de gran calidad y con mucho logro espiritual.

El ego traiciona, engaña y daña al alma. El amor actúa con fidelidad y honestidad, manteniéndose en la gracia divina.

Cuando el ego abarca gran parte de los que se es, se está actuando a traición, separándose de los verdaderos conceptos del ser.

La traición duele, y por la constante traición a uno mismo se vive en un constante autocastigo en medio de adicciones, relaciones destructivas, perdidos en falsas creencias y demás conductas dolorosas. Dejar de lastimarnos es dejar de traicionarnos.

*Sé fiel a ti mismo [...] y a eso seguirá, como
la noche al día, que no podrás ser entonces
falso para nadie.*
                    Hamlet, de W. Shakespeare

Cuando se renuncia al ego de inmediato se le da
a Dios su lugar, dejando que Él se encargue de todo
aquello que no está en las manos del hombre solucionar,
dejando de pelear con uno mismo y con sus propias
capacidades, permitiendo que las leyes divinas sean
aplicadas bajo el sistema debido, liberando al alma de
la rueda imparable del karma de vida tras vida.

El ego está compuesto de cadenas que atan las creencias de la conciencia humana, distrayendo al alma de
su propósito original, disfrazándose de una falsa autoestima manejada por el miedo a la crítica y al juicio
del hombre.

Trabajar en la sanación de las emociones es la forma
más amorosa de empezar a tratar el alma, encontrando
los hilos que la conforman en su diseño original. Es zur-
cir poco a poco las partes que se rasgaron por el dolor
de las experiencias vividas y no resueltas, retomando
el patrón original del diseño divino con el que hemos
sido creados.

Aprender a viajar hacia los templos de luz cada noche tiene que empezar a ser parte de las nuevas costumbres, permitiéndole al cuerpo etérico transportar poco
a poco las piezas importantes de nuestra conciencia
crística hacia las vestiduras que arropan todo lo que

nos compone, y llenarnos de las energías que harán más ligera la carga al darnos cuenta de que estamos haciendo bien las cosas solo cuando los resultados nos lo indiquen. Aprender a ver la realidad. No esperar aplausos, halagos y galardones para saber que estamos viviendo en el éxito espiritual.

Cuanta más paz te rodea, más gratificaciones recibes.

Las energías que atraemos con hábitos, conductas y acciones siempre se manifestarán en situaciones, casos o experiencias. Por lo tanto, contar con las herramientas que nos llenen de conocimiento es un parámetro importante para medir las consecuencias que se están desarrollando en el presente de forma consciente o inconsciente.

Cuando se ha encontrado y enfrentado gente que abusa de la confianza depositada mediante el robo, mentiras o traiciones, se les considera como enemigos peligrosos que amenazan la paz y tranquilidad natural del ser.

Por lo tanto, tomar en algún momento la decisión de alejarse de ellos es parte de una personalidad madura y sensata.

Sin embargo, cuando este tipo de personas se presentan con frecuencia en las experiencias laborales, sentimentales o sociales del individuo, se podrá identificar con mayor facilidad qué tipo de enemigos internos viven dentro de cada quien.

El enemigo interno es el más escondido de todos, el más callado y el más difícil de identificar. Generalmente es al que más confianza se le tiene ya que se las ingenia para que todos crean que no pasa nada y que nunca va a pasar. A través de la manipulación se encarga de que la víctima se traicione, se mienta y se lastime. Usando hábilmente todas las armas para que su presa vaya perdiendo poco a poco el equilibrio original de su ser, manipula con recuerdos dolorosos, oprimiendo la seguridad y aniquilando la autoestima. Cuida mucho que su trabajo no disminuya, ya que cuando se ve amenazado acude a su mejor amigo, el miedo profundo. De la mano lo conduce a la superficie, para que juntos ganen terreno y sigan avanzando en el aumento de celos, envidia, negligencia y dolor.

El objetivo principal es debilitar a su presa, la que, derrotada, le entregará el poder divino que estaba destinado a su bien.

Para vencerlo se requiere de mucha astucia, primero, para detectarlo, y después, de mucha valentía para poder enfrentarlo. El mayor peligro de evadirlo radica en dejarlo actuar con libertad, buscando a sus iguales en otras personas para seguir alimentándolo de lo que está acostumbrado.

Mientras no sea enfrentado, su zona de bienestar se ampliará más y más, provocando que su víctima, pierda toda identidad y deseos de salir adelante, manteniéndola en estados largos de tristeza, depresión y miedo.

Por eso se van a quedar con su templo vacío.
Y les digo que ya no me volverán a ver, hasta
que digan: "Bendito sea el que viene en el
nombre del Señor".

Dejar que ese enemigo encuentre comodidad, hospedaje, alimentación y descanso en la morada del alma, destinada a la recuperación de su divinidad, es quitarse del lugar que Dios tiene destinado para el crecimiento sano y salvo de cada uno de sus hijos.

Mantener tanto tiempo la vista en el exterior puede llevar a la propia autodestrucción. Cuestionar la vida de los demás, hacer juicios que no corresponden, críticas y condenas personales hacia algo o alguien es el camino que conduce a la perdición.

Vivir con enemigos como la duda, el miedo, la angustia o los celos en el mismo cuerpo hará que la guerra interna sea infernal, hasta que tarde o temprano alguno de ellos, por lo general el más astuto, ocupe todo el terreno, luchando consigo mismo como última alternativa para terminar sus días postreros en una fría soledad.

El enemigo interno se derrota cuando se ama

Amar al enemigo interno no es amar a los enemigos externos que nos han dañado. Cuando desprendemos de nuestras emociones a todos aquellos que nos ocasionaron angustias y pesares, estamos dejando ir lo que no es nuestro ni nunca lo fue, purificando el interior. Entonces Dios podrá aplicar sus leyes al respecto, haciendo nuestra parte para que todo fluya en su sistema de justicia. Mientras se esté vinculado a ellos en alguna emoción, la energía propia los sigue alimentando.

Amar al enemigo interno es amar esa energía que se mueve dentro de nosotros y que la llevó a proyectarse en esas personas.

Cuando amamos esa energía disfrazada de "molestia" que interrumpe nuestra estabilidad, estamos debilitando al enemigo; cuando amamos esa energía disfrazada de "enojo" que se siente al pensar en algo o en alguien que nos hizo daño de alguna u otra forma, estamos derrotando al enemigo, quitándole los ingredientes emocionales que lo alimentan.

Pero yo les digo: "No se resistan al malvado, antes bien, si alguien te golpea en la mejilla derecha, ofrécele también la otra".

Mateo 5:39

Abraza tu enojo, abraza tu dolor. Seguramente hace mucho tiempo que lo estás necesitando.

Comprender y perdonar las debilidades propias es amar al enemigo interno, es liberarse de la autocondenación y de todas sus terribles consecuencias. Es la llave que abre la puerta al potencial interno que expresa la divinidad en toda su magnitud. Es el camino perfecto hacia el éxito del alma, trazando con guía divina el camino que lleva a la plenitud del ser.

Lograr el auténtico amor por uno mismo es alcanzar el tallado perfecto del diamante que refleja la luz infinita de la belleza del éxito y el logro espiritual, proyectando los intensos brillos de la sabiduría divina.

Las batallas serán peleadas para derrotar al enemigo. En cada combate debemos enfocarnos en la intención de ganar para llegar al triunfo que nos condecore como los héroes de Dios, colgando de nuestro pecho medallas doradas con el símbolo de la conciencia divina.

No importa cuántas veces se intente cambiar el odio por el amor, la guerra por la paz y el miedo por la valentía. Seguir intentándolo es lo que llevará al resultado final. Perseverar en ello nos hace semejantes a Dios, quien pese a todo sigue intentando rescatar a sus hijos.

Cuando se logra la semejanza con el Creador, las cosas toman un sentido diferente desde la conciencia; el foco de la vida se centra en el cuidado de uno mismo para conservar las herramientas obtenidas como apoyo para el continuo avance de las energías dentro de los sistemas sagrados que marcan los ciclos de la vida.

Amarse a sí mismo con todo y enemigo interno no es fácil y requiere de procesos muchas veces largos y dolorosos para vencerlo, pero finalmente vendrán los procesos de curación para recuperar lo que se es y se vino a ser en esta encarnación.

El alma y el enemigo interno pelean por la misma causa: crecer por medio de la luz que nos otorga la fuente. La interrupción que provoca en la evolución de la conciencia cederle el poder al enemigo interno, distorsiona el camino marcado para la realización del plan divino individual.

Existen caminos especiales para la realización en todos los sentidos, mismos que solo pueden visualizarse con la claridad de una conciencia limpia. Mientras esto no se trabaje profundamente, todo lo planeado pasará a formar parte de las energías donde viven los deseos inconclusos o ilusorios.

Caer en la irrealidad es muy fácil; de hecho es muy común. Soñar con alcanzar la gloria sin esfuerzo ha sido la lucha interna de muchas almas que vivieron en la frustración y la mentira, esperando que el momento mágico surgiera. Pero el tiempo no perdona, y cuando menos lo esperan se dan cuenta de que ya no hay días, ganas ni salud suficiente para ser quienes estaban destinados a ser: los hijos brillantes de Dios.

Seamos sabios en usar el tiempo y la vida correctamente.

En el cosmos todo tiene un ritmo, una hora, un lugar y una razón: somos energías encontrándose o separándose, amándose u olvidándose, movimientos armónicos y fantásticos cuando se está consciente de Dios.

Oración para enfrentar, abrazar y vencer al enemigo interno

En el nombre de Dios Yo soy el amor divino cubriendo las energías que me dan vida, ningún pensamiento es más fuerte que la conciencia amorosa con que fue creada mi alma. Abrazo con gratitud cualquier molestia y enojo que se apodere de mis pensamientos. Soy un ser comprensivo, compasivo y misericordioso. Respeto la inteligencia divina y acepto que

todo lo que pasa en mi vida es para lograr
mi más alto bien. El poder está dentro
de mí y me toma de las manos. Cuando
dejo de cargar al enemigo tengo más
oportunidad de llegar a Dios.

El enemigo interno, la psicología y los sueños

Contar con los sueños es como perseguir una sombra o correr tras el viento. Lo que se ve en sueños no es más que un reflejo: la persona ve su propia imagen. ¿Puede uno purificarse con algo impuro? ¿Y encontrar la verdad en lo que es mentira? Predicciones, visiones y sueños son tan vacíos como los fantasmas de una mujer encinta. A menos que te sean enviados como una visita del Altísimo, no les prestes atención.

Sirácides 34:2-6

El lenguaje de los sueños ha generado diferentes opiniones a lo largo de la historia de la humanidad, algunas controvertidas, otras científicas, filosóficas y hasta poéticas., Para muchos soñar mientras se duerme sigue siendo un misterio, que conlleva incertidumbre, duda y confusión.

Desde el punto de vista psicológico, este lenguaje es reflejo de las conductas, preferencias y sentimientos profundos del subconsciente, los que de una u otra forma se presentan en acciones imposibles de esconder: en este espacio se desarrollan escenas donde el individuo puede descifrar energías que viven dentro de sí influyendo en sus decisiones.

Sin embargo, la frase que reza: "Contar con los sueños es como perseguir una sombra o correr tras el viento. Lo que se ve en sueños no es más que un reflejo: la persona ve su propia imagen", permite darnos cuenta de que los sueños reflejan la influencia que tiene el enemigo interno en la psicología de cada uno, la seguridad o inseguridad que habita en quien está soñando algo, así como los deseos o anhelos, inconclusos o difíciles de realizar. Pese a que los sueños son parte de un sistema divino para hablar con Dios, mientras no se purifiquen los pensamientos, las emociones y los sentimientos, el lenguaje se interpretará según los niveles que vibran en la personalidad del ser.

> *¿Puede uno purificarse con algo impuro? ¿Y encontrar la verdad en lo que es mentira?*

La influencia que tiene el mundo exterior en el mundo interior es, sin duda, una de las causas que provocan la autocensura, actuando desde la sugestión y la falta de comprensión hacia uno mismo. Engancharse en las propuestas de autodestrucción es muy fácil, puesto que los medios publicitarios invitan constantemente a que uno ejecute actos que con el tiempo van debilitando el carácter y mermando la salud en todos los sentidos.

Invadir la noche con programas de televisión carentes de propuestas inteligentes es común en todos los niveles sociales. Llenar espacios vacíos, ya sean emocionales o sentimentales, de una u otra forma hará que el individuo no respete la noche como el ciclo sagrado para la restauración de las energías físicas y espirituales.

Mientras el enemigo interno no sea derrotado y las horas de la noche destinadas al descanso no se respeten con disciplinas físicas y espirituales, el lenguaje de los sueños no representará nada más que fantasías, mentiras y molestias para seguir manipulando al individuo sometido a energías interesadas en la luz de sus presas, provocando que poco a poco olvide el objetivo principal de su nacimiento.

Debemos evolucionar para regresar bajo los ciclos del alma al corazón de Dios.

> *Daniel tomó la palabra en presencia del rey y dijo: "El misterio que el rey quiere saber, no hay sabios, adivinos, magos ni astrólogos que lo puedan revelar al rey; pero hay un Dios en el Cielo, que revela los misterios y que ha dado a conocer al rey Nabucodonosor lo que sucederá al fin de los días. Tu sueño y las visiones de tu cabeza cuando estabas en tu lecho eran estos [...]".*
>
> Daniel 2:27-28

El rey Nabucodonosor había recibido un mensaje de Dios por medio de un sueño que lo inquietó mucho, pues no había sido algo común. Por lo tanto mandó traer a brujos y magos, astrólogos y adivinos, para que le explicaran el sueño. Pero sabía que no podía arriesgarse a contárselo a cualquiera, por lo que pidió como prueba a todos aquellos que querían interpretarlo que adivinaran su sueño describiéndolo y al mismo tiempo interpretándolo.

Nadie lo logró y sus cuerpos fueron destrozados por órdenes del desesperado monarca.

Entonces el rey se enfureció terriblemente y mandó matar a todos los sabios de Babilonia. Promulgado el decreto de matar a los sabios, se buscó también a Daniel y a sus compañeros para matarlos. Pero Daniel se dirigió con palabras sabias y prudentes a Aryok, jefe de la guardia real, que se disponía a matar a los sabios de Babilonia.

Tomó la palabra y dijo a Aryok, oficial del rey: "¿Por qué ha dado el rey un decreto tan tajante?". Aryok explicó la cosa a Daniel, y Daniel se fue a pedir al rey que se le concediese un plazo para declarar al rey la interpretación.

Daniel regresó a su casa e informó del caso a sus compañeros Ananías, Misael y Azarías, invitándoles a implorar la misericordia del Dios del Cielo, acerca de este misterio, a fin de que no se diese muerte a Daniel y a sus compañeros con el resto de los sabios de Babilonia. Entonces el misterio fue revelado a Daniel en una visión nocturna. Y Daniel bendijo al Dios del Cielo.

Tomó Daniel la palabra y dijo: "Bendito sea el Nombre de Dios por los siglos de los siglos, pues suyos son el saber y la fuerza. Él hace alternar estaciones y tiempos, depone a los reyes, establece a los reyes, da a los sabios sabiduría, y ciencia a los que saben discernir".

Daniel 1:12-21

Cuando se cobra conciencia plena de esta parte de la vida y se lleva a cabo bajo las disciplinas correspondiente para entrar en comunión con su Creador, el lenguaje de los sueños se convierte en un lenguaje divino.

A menos que te sean enviados como una visita del Altísimo, no le prestes atención.

Aunque aquellas eran otras épocas, la enseñanza se ha mantenido: Dios sigue teniendo el primer lugar en millones y millones de almas encarnadas, y bajo sus leyes y sistemas su mundo sigue dándose a conocer. Las leyes están siendo escuchadas y su palabra mejor interpretada, las lecturas que llevan la luz de su conciencia son mejor entendidas y cada vez más buscadas, los caminos son más claros y los pasos más firmes, el sistema es cósmico y bajo su Creación nos movemos mejor cuando se va al ritmo de la conciencia divina.

Estar bien es mover energías limpias dentro de la mente, desde el orden que se origina en el amor y la gratitud, creando un espacio confiable como receptor de vibraciones cósmicas de luz, estableciendo una comunicación ininterrumpida y clara entre el Cielo y la Tierra, diferentes dimensiones creadas por la misma mente.

Jamás se podrán recibir los mensajes del Cielo si existe algún tipo de adicción o perversión en la persona, pues lo que sueñe serán sus propios fantasmas.

Por el contrario, si la persona opta por tener una vida tranquila, servicial, comprometida y disciplinada, su conexión siempre será con las más altas esferas de luz.

Por lo tanto, tener una vida saludable beneficia en el día y en la noche, y todo lo que beneficie en esta vida lo seguirá haciendo en otras dimensiones, ya que la energía no deja de trabajar nunca en su elevación vibratoria.

La disciplina conduce a los hábitos correctos, tan necesarios para recibir en cada sueño los mensajes del Altísimo.

Buscar espacios donde se expandan el amor y todas sus virtudes debe ser el objetivo principal de cada día y de cada noche, soltando el peso que genera ser el propio enemigo.

Mientras se sueña se está dialogando con dos energías, la propia y la de Dios.

¿Por qué soñamos?

Para conocernos y para tener un sistema de diálogo divino. Cuando nos iniciamos en esta disciplina para conocernos, sanarnos y descubrirnos, aprendemos el idioma de las altas esferas, aquel que nos heredaron los grandes profetas de Oriente y Occidente en los libros sagrados.

El maestro Jesús, quien predicaba por medio de parábolas, lenguaje proveniente de las más altas vibraciones, es un gran ejemplo de este idioma celestial.

Los sueños de luz son aquellos destinados a mantener una comunicación secreta entre el alma en evolución y Dios.

Hay mucha información que se maneja en el ciclo del sueño; mucha información para el bien de alma. Sin embargo, no todo lo que conocemos desea el bien de los hijos e hijas de Dios y es común que muchas energías estén al acecho del brillo que nos compone. Por esta razón se nos ha concedido la virtud de recibir mensajes divinos mientras dormimos. Por ello es importante tratar de mantener en secreto los sueños que se han tenido, por lo menos los primeros días, mientras las energías involucradas se vuelven a equilibrar.

Contar lo que se ha soñado conlleva mucho riesgo. Sin embargo, si se desea hacerlo es mejor por escrito, redactando el sueño de manera clara y recibiendo la interpretación de la misma forma, ya que se dice que la oscuridad no puede leer lo que escribe el corazón. Si se considera muy importante contarlo porque se intuya que sea una predicción o un aviso, es conveniente hablarlo con alguien que nos asegure que su único interés es guiar al alma que lo consulta, y bajo la protección de san Miguel Arcángel pedirle a este guerrero de Dios que rodee con su energía el campo de fuerza de la persona que contará el sueño y el de quien lo recibirá para que su respuesta entregue la luz del mensaje original.

Contar lo que se sueña es compartir información confidencial con otras energías. Recordemos que los sistemas de Dios son perfectos, basta con observarlos para entenderlos. Poner atención en ellos nos permite conocer el mundo en que vivimos. Recibir estos mensajes mientras se duerme tendrá siempre poderosas razones que deben ser cuidadas con una conducta de respeto.

Si se considera de suma importancia descifrar el mensaje del sueño y se confía en uno mismo, se puede llevar a cabo la técnica de la escritura: escribir el sueño redactándolo lo más claramente posible; guardar la hoja; esperar tres días y después leerlo. De acuerdo con las emociones que se vayan experimentando, sorprendentemente el sueño podrá ser interpretado por uno mismo, detectando la influencia de algo que nos impactó del exterior, o si se trata de un aviso para estar alertas.

De igual forma, aunque se acuda a alguien de mucha confianza para su interpretación, se comparte la siguiente oración para proteger la luz del mensaje original:

Oración para cuidar el campo de fuerza de quienes hablarán con otras personas acerca de sus sueños

En el nombre de Dios Yo soy, y en el nombre de mi santo ser crístico invoco la protección del amado san Miguel Arcángel para que descienda a nuestros campos energéticos, y con su luz proteja las energías que serán liberadas a través de la información que será compartida en estos momentos.

Si se considera que lo que se ha soñado viene como un mensaje del mundo angelical, es importante decir esta invocación para proteger el mensaje correctamente. Se puede considerar un mensaje de luz cuando la mente, el cuerpo y el espíritu tienen altos grados de limpieza, o solo una proyección psicológica si se está experimentando una molestia, preocupación o procesos de cambio.

Sin embargo, invocar a los seres del reino angelical para que nos acompañen mientras dormimos forma parte de la nueva cultura de trabajar correctamente mientras se duerme.

Los beneficios son innumerables, tanto a niveles físicos como espirituales. Si bien estos deben ser descubiertos por uno mismo, puedo compartirles parte de mi experiencia en los inicios de los viajes nocturnos de mi alma.

Mis primeros viajes a las esferas de luz

Era el 12 de noviembre de 2005. Como cada sábado, terminé de transmitir mi programa de radio sabatino. Eran las 11 de la mañana cuando salí de prisa hacia mi primer seminario de Summit University donde íbamos a ver el tema *La regeneración del ser*, impartido en México por el personal de Montana, Estados Unidos, donde se encuentra la sede.

A pesar del inmenso tamaño de la Ciudad de México, el hotel donde se desarrollaba el seminario estaba a menos de diez minutos de la estación de radio donde trabajé durante cinco años. La sesión tenía tres horas de haber empezado, pero en cuanto logré llegar y sentarme, lo que escuché en ese momento acaparó completamente mi atención:

> *La circunstancia no es sino la red de conciencia que consiste en vuestro karma y vuestra psicología. Si cambiáis las dos cosas, cambiaréis vuestra circunstancia.*
>
> Kuthumi, maestro ascendido

Las siguientes horas fueron dedicadas a la comprensión de la salud psicológica para crear una relación sincera y exitosa con Dios Padre-Madre.

La tarde transcurrió sin darme cuenta, maravillándome a cada momento con la información que estaba recibiendo.

Vigilad vuestras reacciones. No importa lo que sucede, sino cómo reaccionamos ante ello.

Kuthumi, maestro ascendido

El espejo os refleja: lo que os disgusta en los demás está en vosotros.
Si el mensajero es una hormiga prestadle atención.

El Morya, maestro ascendido

Mi alma intuyó que ese era el conocimiento que le daría la dirección correcta a mis energías. Terminó el sábado y regresé a casa, feliz de haber recibido tan valiosos conocimientos. Al día siguiente traté de llegar lo más temprano posible y pude sentarme en un excelente lugar —aproximadamente doscientas personas estaban a mi espalda. Había llegado a tiempo para el inicio del seminario, y algo me decía que ese día sería importante.

Con el transcurrir de las horas se habló sobre la importancia del cuidado y la salud del niño interno, la resolución con los padres terrenales, karma y psicología.

Conforme pasaba el tiempo la información iba enriqueciéndome más y más.

Sin embargo, hubo una parte casi al final, que al escucharla hizo que el tiempo se detuviera y toda mi atención se concentrara en lo que decían las instructoras-reverendas:

Pídanle esta noche a los ángeles que los lleven a los retiros etéricos para seguir estudiando mientras están dormidos; pero háganlo de manera responsable, ya que tienen que irse a la cama alegres, agradecidos y protegidos para que puedan seguir trabajando mientras duermen, y recuerden:

> *Enójense pero sin pecar; que el enojo no les dure hasta la puesta del sol, pues de otra manera se daría lugar al demonio.*
>
> Efesios 4:26-27

Esta última frase se proyectó en la pantalla.

Nos instruyeron sobre lo que pasaba con el alma mientras dormíamos, y si bien era fascinante escuchar todas las explicaciones e instrucciones, hubo una información que me impactó y me trajo hasta aquí.

> *Una persona que se duerme enojada es presa fácil de la maldad que ronda la noche; puede participar a través de su k astral en actos corruptos; su energía puede ser usada para asesinar, violar, golpear o entorpecer a*

cualquier alma inocente, situación que terminará generándole un karma inconsciente, que al final tendrá que saldar.

El "k astral" es una fina envoltura que se forma según la cantidad de energía impura que se ha estado acumulando a través de las acciones negativas practicadas a lo largo de la existencia. Esta coraza tiene vida a través de nuestra vida y cubre los cuatro cuerpos inferiores, arriesgando la libertad de su movilidad. Puede volverse como una dura vestidura que las buenas vibraciones no podrán atravesar jamás para penetrar hacia el interior del ser. Sin embargo, las malas energías pueden vibrar fácilmente con ese ropaje, y a través de él hacer pedazos la fuerza de voluntad del individuo y usarlo para sus fechorías. Por otro lado, todos contamos con un elemental, quien es el encargado de cuidar nuestro cuerpo físico. Este hermoso ser está destinado a hacer todo lo que sea necesario para mantenernos sanos y a salvo de cualquier peligro exterior.

Haberme enterado esa noche de que además del alma tenemos cuatro cuerpos inferiores, un elemental y un posible k astral fue impactante y a la vez preocupante. Primero, por la información que bajaba tan deprisa, y segundo, por todas las almas de luz que no contaban con este conocimiento.

"Enójense pero sin pecar...". "¿Cuántas veces me he ido enojada o molesta a la cama?", me pregunté. "¿Qué tan frecuentes son mis oraciones antes de dormir?"

"¿Cuántas veces a la semana me desvelo viendo programas de televisión sin ninguna aportación interna?" No solo pensé en mí, también pensé en todos los niños del mundo, en sus padres, en las almas inocentes que estaban a mi cargo, en las madres con responsabilidades familiares que no llegaban a acostar a sus hijos por falta de tiempo, en los padres autoritarios, en sus castigos por no ir a la cama temprano, en los jóvenes que discuten con sus padres antes de dormir, en los matrimonios que se pelean, se faltan al respeto y duermen dándose la espalda. En los programas de televisión que inducen a la violencia antes de dormir, en los niños sin hogar que duermen en las banquetas… pensé, pensé y no dejaba de pensar, en la falta de educación que hay sobre este tema. Y en todos los errores que nos han afectado a lo largo de la vida por esa falta de información.

Hubo muchas enseñanzas sobre este tema, mismas que he compartido en párrafos anteriores, pero fue esto lo que le dio otro sentido a mi carrera de comunicación. Entonces decidí que en cada micrófono que tuviera transmitiría de una u otra forma estos conocimientos.

Primero: es importante difundir que los viajes astrales no son lo mismo que los viajes etéricos. Un viaje astral son las visitas a los bajos mundos donde el alma se manipula y se mezcla con los intereses de la oscuridad.

Hay sueños con mensajes del "elemental" del cuerpo, ya que su forma de hablarnos también puede ser a través de los sueños. Aunque estos no son profundos, son como "recados" que tienen que ver con alguna información importante para el cuerpo físico.

El elemental es un "mini yo". Se encarga de cuidar diligentemente que el cuerpo físico trabaje en orden. Vive en nuestro templo corporal, por lo tanto es quien recibe directamente los golpes que ocasionan las drogas, el alcohol, el exceso de comida y todas las perversiones contra la luz divina. Es una copia fiel de nuestra persona, aunque de estatura más baja, como máximo nos llega a la altura del pecho.

Los árboles, los ríos, los mares, algunos animales —los más comunes como perros y gatos, aunque no todos— cuentan con un elemental que cuida su desarrollo en la Tierra. Los seres humanos, además del elemental, tenemos un alma.

El elemental es el encargado exclusivamente de cuidar el cuerpo físico. Puedes imaginarlo todos los días revisando el funcionamiento del corazón, los pulmones, el hígado, el paso de la sangre por las venas, las conexiones cerebrales y todo lo que es el mantenimiento de la "casa". No es un ángel guardián porque su trabajo es exclusivamente en el plano físico. Vive con nosotros sin que ninguna energía negativa lo incite a la desobediencia; es un "nosotros" observante de la ley. Las energías saludables le facilitan el trabajo.

Algunas personas lo han visto al estar corriendo muy rápido o cuando están dormidos y tienen un desprendimiento o se "desdoblan". Esto sucede cuando se está en un estado de agotamiento profundo, el elemental sale a respirar un poco de aire fresco. Recordemos que somos energías, y tenemos capas y capas de vibraciones que buscan moverse para volver a acomodarse.

Todo lo que es de Dios cuenta con supervisores destinados a apoyarlo en su trabajo. Como buen Padre, no deja en peligro a sus hijos amados, por lo tanto, nos envía con el equipo necesario para lograr el éxito y la ascensión de nuestras energías. Los seres elementales más conocidos son los gnomos, las hadas, las sílfides o las salamandras. Todos ellos están encargados del equilibrio de la madre naturaleza, y son agredidos cuando maltratamos de alguna forma el medio ambiente donde vivimos.

El elemental del cuerpo también se encarga de cuidar el equilibrio de las energías que se mueven dentro de cada uno, manteniendo la conexión con la fuerza de la tierra, el agua, el aire y el fuego; por lo tanto, nuestro "mini yo" es el encargado de que ninguna energía se salga de su lugar equilibrando el interior lo más posible con el exterior.

Cuando hay un maltrato exagerado del cuerpo, el elemental también se enferma, impidiéndole llevar a cabo su trabajo.

Cuando los niños hablan con su amigo "imaginario", en realidad hablan con su elemental, quien a esa edad también es un niño. O cuando se es adulto y se tiene la tendencia a "hablar solos" para regañarnos, felicitarnos o hablarnos seriamente, es al elemental a quien le hablamos.

El elemental jamás reclama, y pase lo que pase sigue cuidándonos hasta donde se le permite.

Se puede tener una idea del cuidado que se le ha dado de acuerdo a la silueta que se proyecta: encorvado, vientre salido, gordura, vientre abultado, cabizbajo, etcétera.

Este elemental requiere de mucha salud para poder conectarse con las energías que le dan vida, ya que es el encargado de proteger al cuerpo que le corresponde. Las leyes cósmicas le asignaron ese trabajo, y por lo tanto lo obedece por sobre todas las cosas.

Cuando terminamos nuestro ciclo en la Tierra, el elemental también termina su trabajo y es evaluado por las leyes para su siguiente evolución.

Una de los grandes secretos para tener prosperidad y fortuna permanente es darle una buena calidad de vida a este elemental, pues de esta manera deja de preocuparse por cuidar al cuerpo, encontrando un tiempo importante para conectarse con la abundancia cósmica y transformarla en el plano físico en bienestar. Le gusta mucho la comodidad; él y Fortuna, la diosa de la provisión, tienen una conexión permanente. Es la vía para que nos lleguen la abundancia, la riqueza y la prosperidad en toda la extensión de la palabra, manifestándose en el plano material. Esto es algo increíble de creer pero así es. Maltratar al elemental produce efectos en el nivel físico más agresivos de lo que se pueda imaginar.

Al elemental le afectan el consumo de cualquier tipo de droga, deportes de alto riesgo, la ingesta de alcohol, cigarro, chocolate, azúcares industriales, rock pesado, música melancólica, películas de terror, pornografía, sadomasoquismo, tatuajes, *piercings*, falta de aseo personal, vestir frecuentemente de negro, el maltrato físico y el abuso sexual.

Al elemental lo ayudamos con ejercicio, alimentación balanceada, descanso, la práctica de disciplinas orientales y de las bellas artes como pintura, escultura, danza; caminar en el bosque, en la arena; tomar agua, limpiar, organizar y servir al prójimo.

Agradecer al elemental su trabajo es algo que lo conmueve profundamente ya que se siente atendido, motivado y apoyado para continuar realizando su sagrada labor.

Afirmación de gratitud para nuestro elemental

En el nombre Yo soy el que Yo soy y en el nombre de mi santo ser crístico, invoco a los ángeles rosas de la gratitud divina para que envuelvan a mi elemental de manera permanente y lo llenen de todas las energías de agradecimiento por el trabajo incondicional dedicado a mi templo corporal. Invoco a los ángeles del rayo violeta para que bañen, limpien y transmuten todo núcleo, causa-efecto, registro y memoria del daño hecho

consciente o inconscientemente al
elemental de mi cuerpo. Sea hecho de
acuerdo a la voluntad de Dios.

(Rezarla diariamente antes de dormir.)

Fiat

Yo soy la misericordia de Dios que
transmuta todo error consciente e
inconsciente. Yo soy un ser de fuego violeta.
Yo soy la pureza que Dios desea.

Repetir el *Fiat* en múltiplos de tres las veces que se desee, antes de dormir, o a cualquier hora del día. Mientras más tiempo se repita se logrará más limpieza para el cuerpo.

Cada *Fiat* es una orden de nuestra parte para mover las energías a nuestro favor, de acuerdo con el sistema cósmico y con la voluntad de Dios.

Los viajes astrales se confunden frecuentemente con el desprendimiento del elemental.

Un viaje astral también se induce a través de drogas sintéticas o naturales, agresivas para el elemental del cuerpo y para el alma. En América del Sur y en México existen drogas como el peyote y la ayahuasca, que se encuentran en la naturaleza en forma de frutas y raíces, razón por la cual son aceptadas en cualquier tipo de sociedad y edad, ya que se consideran parte de una cultura natural. El maestro Saint Germain, en un dictado que le transmitió a Mark Prophet (alma gemela de Elizabeth Clare y también ángel encarnado) le informó que este tipo de frutos, hongos o hierbas, fueron sembradas por un grupo de ángeles caídos, quienes bajaron a la Tierra hace miles de años, después de haber logrado la destrucción de otros planetas y haber tomado la luz de todos sus habitantes. Buscando nuevos lugares para vivir, llegaron al planeta Tierra en sus naves y se establecieron en sitios donde pudieran construir grandes ciudades y sembrar cuanto necesitaran para garantizar su sobrevivencia en esas evoluciones. Algunos se establecieron en Machu Picchu, donde se mezclaron con los andinos, apoderándose de estas razas. Construyeron la enorme ciudad declarada en la actualidad joya arqueológica. Podemos observar que la obra se conforma de piedras gigantes y trazos demasiados perfectos para la tecnología de aquellos tiempos. En aquel entonces no existía ni siquiera la rueda para transportar las piedras o el material necesario para su construcción. Su ubicación a 2 490 metros sobre el nivel del mar nos lleva a pensar que solo por vía aérea pudieron haber transportado el material de dicha construcción que aún impacta a la arquitectura e ingeniería modernas. Cuando tuve la oportunidad de visitar este lugar, el guía de turistas nos señaló unas montañas, lejos de donde me encontraba en compañía de mi grupo, haciéndonos notar que eran las más altas de la ciudad. Cuando fue descubierta esta zona en ellas se encontraron restos de semillas, como frijol, arroz, lentejas, etcétera. Dichas montañas eran usadas como bodegas ya que tienen una gran caverna, cuyo acceso solo podía ser aéreo.

Se mezclaron con aquella raza en evolución, tuvieron hijos y adoptaron el estilo de vida de aquellas almas puras que los adoraron como dioses por los avances que impusieron de un día a otro. Fue entonces cuando sembraron la hoja de la coca, que fue proclamada por los ángeles caídos como hoja "sagrada", convenciendo a los habitantes de que su uso tenía beneficios medicinales. Sabían que tener ese ingrediente en grandes cantidades les aseguraba el control sobre el hombre en evolución.

Tiempo después llegaron los españoles y para conquistar aquellas tierras fue necesario asesinar al último emperador inca, lo cual trajo consecuencias nefastas para el hombre blanco.

Fueron maldecidos por este monarca quien prometió la destrucción de estas razas por medio de la cocaína. Maldición que realmente fue proclamada por los ángeles caídos al haberse sentido invadidos y expulsados por la fuerza de sus espacios.

Tomaron sus naves y fueron en busca de otros territorios, dejando las tierras infestadas de raíces, hojas, hongos y plantas alucinógenas para la confusión de las nuevas razas. Dejaron también descendientes instruidos, conocidos como "chamanes", para promover el consumo de estas hierbas por medio de rituales "sagrados".*

Líneas de Nazca, Perú, que solo son visibles desde el aire.

Podemos encontrar algunas imágenes extraterrestres en las líneas de Nazca, en Perú, descubiertas a finales de los años veinte del siglo pasado. Estas líneas, trazadas con exactitud matemática y de grandes dimensiones, no son visibles desde la Tierra. Según los estudios, tienen aproximadamente más mil años de haber sido creadas.

---

* Gran parte de esta información fue tomada de Mark L. Prophet y Elizabeth Clare Prophet, *El culto al placer. Orígenes del hedonismo*, Barcelona-Miami, Porcia Ediciones, Summit Publications Inc., 2005, pp. 75, 78, 81 y 84.

Con la hoja de coca los ángeles caídos encarnados crearon otras fórmulas modernas sumamente agresivas, como el crack y la cocaína base. Sembraron en otros lugares de la Tierra, como Brasil, Perú y algunas partes de México, marihuana, peyote, ayahuasca, hongos y plantas alucinógenas. Todo esto con el fin de hacer que las energías en evolución desciendan a sus mundos para manipular sus mentes, haciendo creer que la naturaleza ha creado estas sustancias: fórmulas perfectas para rasgar auras, entrar en sus mentes y deshacer los acuerdos de las almas con Dios.

Los viajes astrales son viajes al inframundo, donde los mensajes parecen bondadosos y agradables a los cinco sentidos, tan seductores y placenteros que el individuo acepta culminar su vida en la "dulce muerte".

La dulce muerte es el término que se le da a los cuerpos que mueren por el consumo de drogas o que terminan con su vida con una sobredosis, dejando atrás el plan que Dios había acordado con sus almas antes de nacer. Existen rituales en conciertos, en grupos cerrados, en sectas secretas, en los que, por medio de engaños, llevan a sus víctimas hasta ellos induciéndolos de manera subliminal hacia el camino de la dulce muerte. Cuando las víctimas despiertan, después de haber sido sometidas a un ritual de "encantamiento", lo único que les interesa es consumir drogas. Son los clásicos jóvenes, adultos, hombres y mujeres, que pese a cualquier esfuerzo de parte de ellos y de sus padres o familiares no pueden dejar de consumir las drogas que al mismo tiempo están consumiendo su luz, generando el círculo vicioso de esta mortal dependencia.

Para cortar estas energías es necesario rezar las oraciones de san Miguel Arcángel, las cuales pueden encontrarse en los libros de Summit Lighthouse, o decirle 40 misas en el nombre del arcángel Miguel y en compañía de sus familiares más cercanos. Las adicciones en algún miembro de la casa afectan todo el mandala familiar, no solo a nivel emocional sino también a nivel energético.

Son las mismas misas en el nombre de san Miguel Arcángel que se recomiendan para las personas que se suicidaron, ya que sus almas van a los bajos astrales y solo san Miguel Arcángel puede ir a rescatarlas.

Es importante que el número 40 se aplique de forma continua porque tenemos 40 canales de percepción; por lo tanto, cualquier ritual de luz que se haga para cambiar la percepción de energías al pasar por estos canales va limpiando y purificando el mensaje original. El alma lo recibe y lo acepta, recuperando así su brillo y lugar divino.

También se recomienda usar agua bendita y aceite de mirra, y limpiar con esta mezcla la habitación donde duerme o vive la persona adicta. Con esta misma mezcla hay que hacer la señal de la cruz en las puertas de toda la casa, en especial en la habitación del afectado. También se puede utilizar como protección del hogar una vez al mes.

El agua bendita purifica la parte física contaminada por cualquier energía que vibra debajo de la conciencia del Cristo; la mirra es un poderosísimo protector espiritual; su olor aleja cualquier entidad que amenace nuestra luz.

Si no se es católico y se tiene este tipo de problema en la familia, se pueden realizar los rituales más importantes de su religión y practicarlos toda la familia en nombre del afectado.

Se recomiendan terapias de rehabilitación en grupos de gran credibilidad, guiados por gente que haya sido rehabilitada. Al adicto se le recomienda comulgar una vez a la semana, no sin antes de haber escrito una carta de confesión a Dios en la que le pida perdón, y que incluya en ese acto de luz a su elemental, a su familia y a sí mismo.

Después de esto se le pide a san Miguel Arcángel que escolte dicha carta hasta las manos de Dios, para que sea escuchada y resuelta de acuerdo con su voluntad. Después se quema la carta cuidando que se consuma completamente. Las cenizas deben arrojarse de preferencia en la tierra.

La ley de atracción y el imán en casa que atrae la oscuridad o la luz

Si por alguna razón este joven o adulto tiene en su habitación o casa cuadros, carteles o imágenes que invoquen energías del inframundo, tienen que ser retiradas de inmediato.

Las imágenes o figuras que han sido creadas con energías toscas, son las que magnetizan por ley de la atracción las vibraciones de los más bajos niveles.

Algunas personas que he conocido en mis conferencias, cuando por alguna razón hablamos sobre este tema se alarman por la inclinación de sus hijos hacia ciertos grupos de moda, en los que las propuestas de imagen, música y letra son seducciones abiertas y subliminales al consumo de drogas, a la fragmentación familiar y a la falta de responsabilidad con sus compromisos.

Sin embargo, ningún efecto sana sin conocer la causa. Como padres somos responsables del lugar donde se encuentran nuestros hijos hoy; por lo tanto, hacer lo que nos corresponde es el primer paso para hacer lo que sigue: acercarnos amorosa y honestamente a ellos, estudiar sus energías, limpiarlas, purificarlas con oración, música clásica y esencias de flores blancas. Pactar acuerdos: si necesitan algo dárselos a cambio de que quiten algún cartel o limpien sus espacios de estas imágenes.

> *Quitar oscuridad a través de dar luz. El amor es luz.*

La ley de la atracción fue muy famosa a nivel masivo hace no muchos años, por una película que revolucionó las mentes de las nuevas generaciones: *El secreto*. En ella se describía el poder del magnetismo desde la fuerza de la mente humana.

A partir de ahí muchos empezaron a usar esta técnica, construyendo sus mapas mentales por medio de cartulinas en las que pegaban figuras que representaban sus deseos: la foto de la persona amada, de la casa soñada o del negocio deseado, un cuerpo esbelto o marcado para inspirarse en su logro, etcétera.

Aunque esto tiene mucho que ver con no perder el enfoque, también tiene que ver con la ley de la atracción.

Y claro que funciona, pues lo que vemos lo entendemos, lo deseamos y lo vamos construyendo por medio de nuestra atención plena. Es un proyecto mental para que en determinado tiempo pueda manifestarse en el plano físico.

Lo mismo sucede con los cuadros grotescos, con imágenes desfiguradas, siniestras y confusas. Afectan sin duda las energías de quienes viven con ellas.

Las entidades de la oscuridad encuentran un lugar muy cómodo para materializar sus vibraciones, atrayendo lo que necesitan para seguir existiendo.

Quienes tienen trajes de terror guardados en la bodega, ropa vieja, muebles deteriorados, muñecas de porcelana antiguas y objetos que no sirven para nada, están atrayendo y creando una guarida de entidades. Recordemos que los ángeles de Dios necesitan espacios limpios para jugar y llevar alegría a los hogares.

Magnetizar con la luz

Los cuadros donde se pueden percibir las energías del Cielo han sido realizados en su mayoría por el pincel de grandes pintores europeos. Observarlos largamente nos transporta a esas dimensiones.

Todo lo que evoque sentimientos de gratitud, compasión, amor, misericordia, fe, valentía y belleza, magnetiza las vibraciones del Cielo.

Tener imágenes en cuadros o esculturas que nos recuerden que hay un Cielo esperándonos, y con él toda la corte celestial, es posible a través de las bellas imágenes del arte sacro.

Los niños pueden familiarizarse con los ángeles desde pequeños por medio de cuadros o figuras angelicales. No solo serán una decoración armoniosa, también magnetizarán a estos seres de luz en nuestros campos energéticos.

Pintar una vez al año la casa de colores claros, mover los muebles y decorar los espacios con imágenes de luz, permite que las energías del Cielo encuentren espacios cómodos para trabajar en la Tierra.

La música de las esferas

La música de las esferas es el sonido que vibra en el cosmos. Al chocar las esferas de luz que lo componen unas con otras ligeramente, producen notas musicales armoniosas para la construcción del sonido sagrado del universo.

La música que ha sido compuesta con notas agresivas y discordantes afecta el sonido y el trabajo que hace la música de las esferas para la Tierra y sus evoluciones.

Algunos maestros de la música clásica han recibido inspiración en sus composiciones de estas vibraciones, bajando algunas notas musicales en sus sinfonías y compartiéndolas con la humanidad.

El *Ave María* es una de las composiciones que magnetiza con la presencia de la Madre en la Tierra. Tocarla en casa con frecuencia atrae sus vibraciones y sus virtudes. Se recomienda para sanar heridas del alma.

El himno de la Marina de Estados Unidos tiene la llave tonal que abre las dimensiones que conectan a la presencia de san Miguel Arcángel. En los espacios donde hay mucha discordia, miedos o injusticia, es recomendable tocar este himno de manera frecuente.

Es importante que para que las vibraciones de luz magneticen en este plano, los espacios estén libres, ordenados y luminosos.

Mi primer viaje nocturno del alma

Mi primer viaje etérico organizado fue un desastre. Aún no dominaba las instrucciones, y la ansiedad por viajar mientras dormía le ganó a la calma.

Aunque siempre he podido recordar mis sueños, y seguramente he viajado miles de veces a esos lugares, quise darme la oportunidad de aplicar la enseñanza para viajar a los retiros cada noche e ir revisando con más atención los cambios que se fueran presentando.

Después de algunos días de haber terminado mi primer seminario de la Universidad de Summit, y cuando consideré que esa noche era oportuna para empezar esta práctica, me dispuse a dormir, después de haber rezado las oraciones correspondientes, de acuerdo con las instrucciones. Aunque por lo general soy de personalidad tranquila, esa noche estaba sumamente ansiosa por iniciar mi experiencia. Así que mis cuerpos inferiores durmieron con estas energías.

Lejos de que mi alma empezara a viajar, fue mi elemental el que se desprendió de mi cuerpo. Yo estaba dormida pero me daba cuenta de lo que estaba pasando: mi "mini yo" atravesó el muro de la pared de mi recámara hacia el departamento contiguo. Vi claramente el mobiliario de aquel espacio, la sala, la decoración y los colores de las paredes. Estaba muy apenada con la situación ya que me encontraba en un lugar ajeno. Traté de regresar a mi recámara pero me dirigí hacia la calle. Caminé por la banqueta, y aunque la situación era nueva me sentí muy familiarizada con la experiencia. Entré involuntariamente a otros departamentos hasta que la situación empezó a parecerme cómica, pues aunque quería regresar a mi propio espacio algo no me lo permitía. Estaba demasiado ansiosa por trabajar en otras dimensiones pero eso no era lo que buscaba. Visité a mis vecinos y conocí sus departamentos; en ningún momento sentí miedo ni angustia, fue algo muy natural, que al recordarlo hasta la fecha me causa risa.

No sé cuánto tiempo pasó ni cuánto duró esa experiencia, pero cuando desperté recordé todo lo que había pasado. Hasta la fecha lo recuerdo como si hubiera ocurrido la noche anterior. "Me faltó control en mis energías, esto no es tan fácil como creí, pero seguiré intentándolo". Esto fue lo ultimo que me dije prometiéndome hacer todo lo que estuviera de mi parte para que jamás volviera a pasar por una situación como aquella.

Empecé a cuidarme para mejorar mis viajes nocturnos del alma; disminuí mis consumos de azúcar, eliminé el café, el alcohol y el estrés. Cambié la televisión por las lecturas de la Universidad y me dediqué a esta práctica todas las noches.

Mi energías empezaron a cambiar notablemente; mis estados de ánimo se mantenían equilibrados durante el día; mi despertar era más amoroso y gratificante. Cada vez me enfocaba más en mi interior y a cada problema le encontraba la solución. Me separé de la vida nocturna y cada noche la vivía como una nueva aventura.

Mis sueños empezaron a ser más claros, y hasta la fecha los recuerdo al despertar. Antes de dormir (después de mis oraciones), cuando siento que el cansancio me está cerrando los ojos, con mucha frecuencia recuerdo el sueño de la noche anterior, algo que nunca me había sucedido —incluso no había escuchado sobre ello, pero me sigue pasando casi todas las noches. Cuando empiezo a recordarlo trato de interpretar el mensaje, ya sea para mi cuerpo físico o espiritual. De cualquier manera siempre uso el don para mi bien.

Ha pasado el tiempo y desde entonces mi alma tiene una interesante vida nocturna. Mientras duermo he visto las energías de mis seres queridos, cómo y cuándo necesitan ayuda y cómo dárselas. He visto cómo el peligro se esconde tras una ventana. Esperando que pase, he sabido qué hacer antes de que me dañe. He visto cuando mis mejores etapas están por empezar. He visto mensajes con claves diseñadas especialmente para mi alma. Encontré una forma asertiva, segura y propia para preparar mis días durante las noches.

He viajado dormida a casi todos los lugares del mundo, ya que aprendí que los templos etéricos y escuelas de luz se sitúan sobre ciudades, lagos o montañas que componen la geografía del planeta. Hace muchos eones esos templos estaban en el plano físico, pero debido al saqueo de luz que empezaron a hacer algunos habitantes influenciados por el mal, los maestros encargados de aquellas razas acordaron ubicarlos lejos.

Hoy en día estos templos, lugares para seguir aprendiendo e instruyendo el alma, existen en otras dimensiones, arriba de muchas ciudades del mundo. Quienes han visitado estos retiros mientras están dormidos han sido aleccionados para construir hermosas obras arquitectónicas, góticas, barrocas o neoclásicas, reconocidas por sus magníficos diseños y majestuosa belleza como el Duomo de Milán, el Palacio de la Ópera y el *Sacre Coeur* de París, el Taj Mahal (como arquitectura propiamente hindú inspirada en los templos del amor), la iglesia de San Petersburgo en Rusia, así como varias catedrales y palacios del mundo. Todos estos diseños son inspirados desde las magníficas ciudades etéricas.

En cuanto a pintores, podemos encontrar infinidad de obras plásticas que nos hablan de estas dimensiones y de la personalidad de los seres celestiales que habitan en ellas: el semblante de serenidad y paz de vírgenes, santos o profetas ha sido perfectamente plasmado en reconocidas obras plásticas. Los artistas sacros que han dejado impresos estos mundos en sus pinturas son: Miguel Ángel, El Greco y Rafael, por mencionar solo a algunos. Sus obras provocan sentimientos indescriptibles en el alma, creando una sintonía celestial entre el Cielo y la Tierra.

Algunas sinfonías también han sido dictadas en las escuelas etéricas de música, armonizando el planeta Tierra con sus altas y armoniosas notas musicales.

Hemos sido instruidos en el desarrollo de la tecnología, la medicina, la ciencia y la literatura. Todo esto para continuar evolucionando como almas bajo las instrucciones divinas.

El silencio de la noche es sumamente necesario para poder escuchar, asimilar y registrar todas y cada una de estas enseñanzas.

Creer realmente que no se hace nada mientras se duerme es como creer que la noche solo existe para que salga la Luna. El trabajo que hace el alma mientras duerme es magnífico y único. Por esta razón, muchas personas se sienten muy bien una vez que han dormido sus horas correspondientes, levantándose de buen humor y llenas de ideas brillantes.

Para llegar a esos retiros se nos recomienda acostarnos antes de las doce de la noche, hora en que las almas ya tienen que estar siendo recibidas en estas dimensiones. Quienes tratan de llegar después de esta hora quizá lo logren pero llegan con retraso a sus clases, y si por alguna razón el maestro es muy estricto y no les permite el acceso, tendrán que entretenerse con almas amigas, o jugando con algunos seres de luz. Aunque esto no tiene nada de malo, es importante usar cada noche para la preparación del cumplimiento del plan divino.

Para que estos templos puedan ser visitados, es importante cubrirnos con la oración bien estructurada y bien dirigida, ya que de esta forma jamás podremos ser mal influenciados por las voces de la noche.

A continuación se comparten las siguientes oraciones para ponerlas en práctica cada noche. Recordemos que el cuerpo es un templo corporal y que mientras más limpio se mantenga, más ligeras serán las energías que lo compongan. Estos retiros etéricos están sumamente purificados, por lo tanto, transportar energías limpias también es una regla que se tiene que cumplir para llegar hasta ellos.

Repetimos el reglamento: No ingerir bebidas alcohólicas, somníferos, drogas de cualquier tipo, chocolate (por su alto contenido de azúcar y grasa), y no dormirse enojados, molestos o preocupados. Dormir antes de las doce de la noche.

Oraciones con la dirección de los retiros y la protección del alma para sus viajes nocturnos

Se rezan las plegarias nocturnas de siempre y al final estas oraciones. Una vez durante nueve noches continuas si se necesita especialmente alguna de las gracias de estos rayos, o una cada noche antes de dormir.

RAYOS AMARILLOS

Domingo (Se reza el sábado en la noche para amanecer en el rayo del domingo.)

Templos del conocimiento y la sabiduría

Se recomienda para estudiantes, escritores, empresarios, personas con algún tipo de adicción, conferencistas y maestros.

Visitar los templos del rayo amarillo iluminará lo que pensamos de nosotros mismos y de los demás, dándonos una perspectiva clara y real de las cosas. Ayuda al desarrollo de la sabiduría, la inteligencia y el conocimiento.

*En el nombre de Dios y en el nombre de mi
ángel guardián, protector y amigo, invoco
al amado san Miguel Arcángel para que
me asigne a uno de sus ángeles esta noche
y me escolte hasta los retiros etéricos de los
amados ángeles de la Iluminación Jofiel
y Cristina, en el sur de la Gran Muralla*

cerca de Lawchow (China Central),
regresándome sano y salvo a mi cuerpo
físico después de haber recibido en el
tiempo correcto las instrucciones que mi
alma necesita para cumplir con sabiduría,
conocimiento e inteligencia todos mis
proyectos y todo el plan que Dios tiene
para mí en este ciclo terrenal.

Esto que pido para mí lo pido para
mis seres queridos de luz, de acuerdo con
nuestros planes divinos y de acuerdo con la
santa voluntad de Dios, creador único de
los sistemas universales. Amén.

RAYOS ROSAS

Lunes (Se reza el domingo en la noche para amanecer en los rayos rosas de la madrugada.)

Templos del amor, la creatividad, compasión y belleza
Visitar los templos del rayo rosa nos hace personas amorosas, compasivas, bellas y muy creativas. Se recomienda para parejas, para recibir inspiración, sanar relaciones dolorosas y para equilibrar la autoestima.

En el nombre de Dios y en el nombre de mi
ángel guardián, protector y amigo, invoco
al amado san Miguel Arcángel, para que
me asigne a uno de sus ángeles esta noche
y me escolte hasta los retiros etéricos de los

110

templos rosados de los amados arcángeles
Chamuel y Caridad en San Luis Missouri,
regresándome sano y salvo a mi cuerpo
físico después de haber recogido el amor
que necesito para el cumplimiento de mi
plan en la Tierra, como [madre, padre,
hijo, hermano, esposa, esposo, amigo]
y como hijo de Dios. Que el amor me
envuelva en su belleza por dentro y por
fuera, que la compasión me cubra y a todo
ser que se cruce en mi camino también.

Esto que pido para mí lo pido para
mis seres queridos de luz, de acuerdo con
nuestros planes divinos y de acuerdo con la
santa voluntad de Dios, creador único de
los sistemas universales. Amén.

***

RAYOS AZULADOS

Martes (Se reza el lunes en la noche para recibir los rayos azules de la madrugada.)

Templos de la valentía, fe, fuerza, protección y voluntad divina

Visitar los templos del rayo azul ayuda al desarrollo de la fuerza de voluntad, la valentía, aumenta los niveles de protección, perfección y justicia. Se recomienda para abogados, jefes de familia, protección del embarazo, personas inseguras o para quienes están pasando por una enfermedad agresiva.

En el nombre de Dios y en el nombre de
mi ángel guardián, protector y amigo,
invoco al amado san Miguel Arcángel
para que me asigne a uno de sus ángeles
esta noche y me escolte hasta sus retiros
etéricos en Banff, cerca del lago Louise
en Canadá, regresándome sano y salvo
a mi cuerpo físico después de haber
recibido las gracias divinas de la valentía,
la justicia, la fuerza de voluntad y la
perfección que mi alma necesita para el
cumplimiento de su plan divino como
[madre, padre, jefe, hijo, etcétera] y
durante mi ciclo terrenal.

Esto que pido para mí lo pido para
mis seres queridos de luz, de acuerdo con
nuestros planes divinos y de acuerdo con la
santa voluntad de Dios, creador único de
los sistemas universales. Amén.

❧

RAYOS ESMERALDAS

Miércoles (Se reza el martes en la noche para recibir los rayos verdes esmeraldas en la madrugada.)

Templos de la curación, integridad, visión, verdad y abundancia

Visitar los templos del rayo verde esmeralda desarrolla la visión y la integridad del ser, sana las heridas del alma e instruye en el logro de la abundancia. Se recomienda para las madres embarazadas, enfermos, enfermeras, doctores, testigos, para tener visión para ver clara una situación y para equilibrar la economía.

En el nombre de Dios y en el nombre de mi ángel guardián, protector y amigo, invoco al amado san Miguel Arcángel para que me asigne a uno de sus ángeles esta noche y me escolte hasta los retiros etéricos del arcángel Rafael y la arcangélica María en Fátima, Portugal, regresándome sano y salvo a mi cuerpo físico una vez que haya sido instruido correctamente para el logro de sus virtudes en mi vida, trayendo la curación, la verdad y la abundancia que necesito para cumplir con mi plan divino en mi ciclo terrenal.

Esto que pido para mí lo pido para mis seres queridos de luz, de acuerdo con nuestros planes divinos y de acuerdo con la santa voluntad de Dios, creador único de los sistemas universales. Amén.

RAYOS RUBÍES

Jueves (Se reza el miércoles en la noche para recibir los rayos rubíes en la madrugada.)

Templos de la paz, el servicio, el ministerio, la renuncia y la fraternidad

Visitar estos templos ayuda el desarrollo de la voluntad para servir a grupos, congregaciones y sistemas de servicio público. Nos inspira a ser personas pacíficas, aquietando las aguas de las turbulentas emociones.

En el nombre de Dios y en el nombre de mi ángel guardián, protector y amigo, invoco al amado san Miguel Arcángel para que me asigne a uno de sus ángeles esta noche y me escolte hasta los retiros etéricos de los amados arcángeles Uriel y Aurora en las montañas Tatra, al sur de Cracovia, en Polonia, regresándome sano y salvo a mi cuerpo físico una vez que haya recibido y absorbido las instrucciones para traer paz a mi casa, a mi ciudad, a mi país, a mi continente y a mi planeta Tierra, dando el servicio que mi alma está destinada a dar en este ciclo terrenal.

Esto que pido para mí lo pido para mis seres queridos de luz, de acuerdo con nuestros planes divinos y de acuerdo con la santa voluntad de Dios, creador único de los sistemas universales. Amén.

RAYOS BLANCOS DE LA PUREZA

Viernes (Se reza el jueves en la noche para recibir los rayos de la pureza divina durante la madrugada.)

Templos de la pureza, el orden, la disciplina y la alegría
Visitar los templos del rayo blanco purifica las energías del cuerpo físico, mental, emocional y etérico, trayendo orden, disciplina y alegría a nuestra vida.

En el nombre de Dios y en el nombre de mi
ángel guardián, protector y amigo, invoco
al amado san Miguel Arcángel para que
me asigne a uno de sus ángeles esta noche
y me escolte hasta los retiros etéricos de los
amados arcángeles Gabriel y Esperanza
entre Sacramento y el monte Shasta, en
California, EUA, regresándome sano y salvo
a mi cuerpo físico una vez que mi alma
haya sido purificada en todas sus virtudes,
trayendo las energías necesarias para ser
una persona ordenada y disciplinada en
mi vida espiritual y en todas las áreas que
componen mi ciclo terrenal.
Esto que pido para mí lo pido para
mis seres queridos de luz, de acuerdo con
nuestros planes divinos y de acuerdo con la
santa voluntad de Dios, creador único de
los sistemas universales. Amén.

───

RAYOS PÚRPURAS VIOLETAS
Sábado (Se reza el viernes en la noche para recibir los rayos violetas en la madrugada.)

Templos de la libertad, el perdón, la misericordia, la tolerancia, la transmutación y la diplomacia

Visitar los templos del rayo violeta libera el alma de cualquier esclavitud autoimpuesta o generada por el karma de esta vida o de vidas pasadas. Desarrolla la misericordia por uno mismo y los demás, creando en el interior el fuego de la diplomacia para saber tratar adecuadamente a los menos afortunados o a los ciegos espirituales.

En el nombre de Dios y en el nombre de mi ángel guardián, protector y amigo, invoco al amado san Miguel Arcángel para que me asigne a uno de sus ángeles esta noche y me escolte hasta los retiros etéricos de los amados arcángeles Zadquiel y santa Amatista en Cuba, regresándome sano y salvo a mi cuerpo físico una vez que haya recibido las instrucciones correctas para liberarme de cualquier tipo de hábito esclavizante o conductas que me alejan de mi libertad para llegar a Dios. Recibo las energías de la tolerancia, paciencia y diplomacia esta noche y las llevo al plano físico a través de mis conductas.

Esto que pido para mí lo pido para mis seres queridos de luz, de acuerdo con nuestros planes divinos y de acuerdo con la santa voluntad de Dios, creador único de los sistemas universales. Amén.

Existen muchas ubicaciones de diferentes maestros y maestras ascendidos; sin embargo, trabajar con los siete arcángeles es uno de los primeros pasos para recibir instrucciones importantes.

La ubicación de Zadquiel y santa Amatista en Cuba nos habla de esas ciudades donde se sigue abusando del fuego sagrado a través de la magia negra y la brujería. Sin embargo, recordemos que estas fueron una de las tantas razones por las que los templos se ubicaron en otros planos, evitando de esta manera el saqueo del fuego sagrado para el uso e interés personal.

Estas ubicaciones le fueron reveladas a Elizabeth Clare Prophet en un dictado pronunciado por el buda Gautama. Nuestra amada Elizabeth era un ángel en encarnación, por lo tanto compartió muchos mensajes por medio de dictados de maestros ascendidos e infinidad de seres cósmicos. Aunque ya hizo su transición, no solo dejó un legado de más de quinientos dictados, también dejó una universidad para estudiarlos, comprenderlos y practicarlos.

Dicha universidad fue construida con disciplina, orden, verdad, fe, y sobre todo con mucha valentía, ya que en su momento desafió fuerzas oscuras que se oponían a que llevara a cabo su plan divino, oposición que pocas mujeres y hombres podrían vencer y que ella logró. La primera vez que estuve en ese lugar en Gardiner, Montana, aumentó mi admiración, respeto y gratitud por el trabajo que lleva a cabo para el beneficio de futuras generaciones, incluyéndome entre ellas.

Ella nos enseñó: "Nunca vamos al Cielo por nuestra religión, vamos por el verdadero amor a Dios".

Oración del ángel de la guarda para los niños de la nueva era

Ángel de la guarda, mi dulce compañía,
fuerza de Dios, sé mi luz y mi guía.
Defiende mi alma de cualquier peligro,
ayúdame a cumplir con mi plan divino.
Bendito Miguel, soldado de Dios, dame un
escudo de protección. Bendita Madre de mi
Señor, dame tu guía y tu bendición.
Esto que pido para mí lo pido para
todos los niños del mundo, hijos de la luz.
Amén.

Dormir y soñar, el otro ciclo de la vida

El alma viene a aprender a conocer sus ciclos, sus tiempos y las leyes para avanzar en el sistema sin contratiempos.

Si el día es un maravilloso ciclo de aprendizaje y de experiencias enriquecedoras, la noche también. Usar la noche para dormir y descansar con calidad es de seres en perfecta evolución.

En los mundos etéricos el alma puede encontrar su naturaleza conviviendo con seres de luz, viajando de un lugar a otro acompañada de sus guías y ángeles protectores. Las dimensiones donde podemos volver a estar en contacto con el amor en su más pura expresión, son energías donde todo lo perfecto y amoroso se vibra.

En épocas pasadas muchos ángeles encarnados expandieron su trabajo en la Tierra, haciendo que por medio de sus instrucciones las almas encontraran su camino de regreso hacia la luz. Existían ciudades enteras donde la adoración por la llama divina era permanente; amar a Dios era el elixir más buscado en esos tiempos.

En ese entonces había gigantes sobre la Tierra y también los hubo después, cuando los hijos de Dios se unieron a las hijas de los hombres y tuvieron hijos de ellas. Estos fueron héroes de la antigüedad, hombres famosos.

Génesis 6:4

Aunque la mezcla entre los ángeles del Cielo y las mujeres en evolución costó vivir menos años —de 180 a un promedio actual de 100 años—, esta mezcla nos ha permitido tener la conciencia de sentirnos y aceptarnos creados por un ser Supremo, Omnipotente y Omnipresente (que todo lo puede y que está presente en todos lados), y tener la fuerza y el ímpetu necesarios para representar a Dios a través de nuestra creatividad, pero con el riesgo de actuar entre la conciencia terrenal y la conciencia divina.

El desarrollo espiritual que adquirieron los hombres y las mujeres de aquellos tiempos fue tal que sus magníficas construcciones eran maravillosas estructuras arquitectónicas destinadas a la adoración de la llama de Dios. Los templos eran edificados con la inspiración divina la que contenían por ser mitad humanos y mitad divinos. En su interior vivían los sacerdotes y las sacerdotisas que mantenían la energía del Padre a través de la oración permanente.

Agradecer la oportunidad de evolucionar en un cuerpo era la motivación diaria para mantener la comunión con el Creador de todos los cielos y todas las tierras. Los jóvenes eran educados con esta conciencia desde pequeños, por lo que no les fue difícil mantener por mucho tiempo la llama de Dios en su corazón.

Fue tal lo alcanzado por los hombres y las mujeres de aquella época, conocidos como los atlantes, que lograron la teletransportación: viajaban a la velocidad de la luz, como seres de luz que somos. Se comunicaban por medio de la telepatía. Realizaron grandes avances tecnológicos; los sacerdotes también eran médicos y sanaban con la luz desarrollada en ellos para el bien absoluto de los demás. La raza de los atlantes estaba a un paso de su evolución.

Sin embargo, desde el ego empezaron a pensar que cada vez necesitaban menos a Dios para cumplir sus deseos. Podían tener todo cuanto querían: habían alcanzado un manejo tal de sus energías que tenían mucha luz para crear cuanto quisieran y desearan.

Y se olvidaron de Dios. Al verse como seres con poderes extraordinarios, compitieron entre sí para demostrar quién era el más poderoso, y el ego empezó a hincharse en el pecho de los monjes médicos, maestros y habitantes de ese continente.

Y así como habían encarnado los ángeles del Señor, también habían encarnado los ángeles del mal, y cuando el momento fue oportuno empezaron a propagar sus trampas y fechorías.

Cuando los ángeles caídos intervinieron en esta raza, el fuego sagrado empezó a utilizarse en rituales de magia negra y en placeres de la carne. El hombre enloqueció de lujuria y el fuego se extinguió en las trampas de la oscuridad.

Dios, quien está hecho de sus leyes, al ver que estas estaban siendo quebrantadas por la inconsciencia humana, mandó hundir la Atlántida, rescatando en barcas solo a los hijos más fieles. Esta historia es muy parecida al famoso diluvio de Noé. Se han encontrado indicios interesantes de que en diferentes culturas y doctrinas se mencionan un diluvio o un hundimiento de una ciudad, de los cuales solo los fieles a Dios se salvaron, asentándose en las tierras a donde los llevaron sus barcas.

En más de 140 doctrinas de diferentes religiones y corrientes espirituales se habla de alguna forma sobre el hundimiento de una gran ciudad. Aunque son diferentes razas, es muy probable que estén hablando del mismo evento.

Por lo tanto, también se cree que el conocido diluvio de Noé es el mismo evento del hundimiento de la Atlántida, relatado en el lenguaje de las almas que empezaban su evolución a partir del pastoreo hacia la vida actual.

> *Y Yahvé cerró la puerta del arca detrás de Noé. El diluvio cayó durante cuarenta días sobre la Tierra. Crecieron, pues, las aguas y elevaron el arca muy alto sobre la Tierra.*
> Génesis 6:16-17

El fuego sagrado destinado a servir a Dios y encarnar el amor en las acciones de aquellos habitantes, fue usado por los ángeles caídos para rituales de magia negra y brujería, enseñándoles de esta forma a otras almas, todavía puras e inocentes, a desvirtuar las leyes del Creador, haciéndoles creer que la voluntad de ellos es más grande que la de Dios.

Generaron tal karma de raza que las leyes los colo-caron en el continente africano; son los magos negros y hechiceros del mal, quienes en la actualidad aún practi-can y dan servicio a la oscuridad. Los registros del mal son expresados en sus acciones y proliferaron en todo el mundo.

Aunque parece que estamos hablando de tiempos muy remotos, es casi imposible no creer en esto, ya que actualmente las organizaciones destinadas a servir a Dios están siendo usadas para adorar al hombre. El mal uso del fuego sagrado se sigue cultivando, y cada día con mayor libertad y apoyo social. Las leyes en contra de los ritmos de la Creación son aprobadas y patroci-nadas con nuestros impuestos. La degeneración tiene espacios legales y la discriminación racial y religiosa se sigue inculcando en las nuevas generaciones.

Creer que no pasa nada es la mentira más infame que se ha apoderado de la sociedad y las familias.

Creer que todo lo que hacemos es importante, es empezar a creer en Dios.

Somos la raza "Yo soy"

> *Yahvé vio que Moisés se acercaba para mi-rar. Dios lo llamó de en medio de la zar-za: "Moisés, Moisés", y él respondió: "Aquí estoy". Yahvé le dijo: "No te acerques más. Sácate las sandalias porque el lugar que pisas es tierra sagrada". Luego le dijo: "Yo soy el*

Dios de tus padres, el Dios de Abraham, el Dios de Isaac y el Dios de Jacob". Al instante Moisés se tapó la cara, porque tuvo miedo de que su mirada se fijara en Dios. Yahvé dijo: "He visto la humillación de mi pueblo en Egipto y he escuchado sus gritos cuando los maltratan los mayordomos. Yo conozco sus sufrimientos, y por esta razón estoy bajando, para librarlo del poder de los egipcios y para hacerlo subir de aquí a un país grande y fértil, a una tierra que mana leche y miel, al territorio de los cananeos, de los heteos, de los amorreos, los fereceos, lo jeveos y los jebuseos. El clamor de los hijos de Israel ha llegado hasta mí y he visto cómo los egipcios los oprimen. Ve pues, yo te envío a Faraón para que saques de Egipto a mi pueblo, los hijos de Israel".

Moisés dijo a Dios: "¿Quién soy yo para ir donde Faraón y sacar de Egipto a los israelitas?". Dios respondió: "Yo estoy contigo, y esta será para ti la señal de que yo te he enviado. Cuando hayas sacado al pueblo de Egipto, ustedes vendrán a este cerro y me darán culto aquí". Moisés contestó: "Si voy a los hijos de Israel y les digo que el Dios de sus padres me envía a ellos, si me preguntan: '¿Cuál es su nombre?', yo, ¿qué les voy a responder?".

Dijo Dios a Moisés: "Yo soy Yo soy. Así dirás al pueblo de Israel: 'Yo soy me ha enviado a ustedes'. Y también les dirás: 'Yahvé, el Dios de sus padres, el Dios de Abraham, el Dios de Isaac y el Dios de Jacob, me ha enviado'. Este será mi nombre para siempre y con este nombre me invocarán de generación en generación".

Éxodo 3:4-15

Tomando en cuenta que somos almas reencarnadas muchas veces, y que la vida solo era en esa parte del mundo, la descendencia de Moisés seríamos todos nosotros, o quienes se consideran hijos e hijas de Dios. Recordemos también que por muchos años fuimos judeocristianos, con costumbres y rituales que nos heredó Jesús, hijo de padre y madre judíos.

Reconocemos que Dios no tiene religión y también que Dios clasifica sus razas para manifestarse en ellas, tanto en forma individual como colectiva.

El Viejo y el Nuevo Testamento son libros para educarnos en nuestro origen divino. En ellos hay información importante para nuestra evolución.

Y aunque el Nuevo Testamento estableció leyes basadas en el amor y el sacrificio, ambos mantienen dos aspectos inalterables e inamovibles hasta la fecha: el respeto por los Diez Mandamientos, y el nombre de Dios como Yo Soy.

Yo soy el camino la Verdad y la Vida, nadie
viene al Padre si no es por mí.

Juan 14:6

Yo soy la vid y ustedes las ramas.

Juan 15:5

El que compartía mi pan se ha levantado
contra mí. Se lo digo ahora, antes que suceda,
crean que Yo soy.

Somos los hijos y la raza del Yo soy.

La raza Yo soy somos todos nosotros, los nacidos y los que están por nacer, somos los hijos de Dios transportándonos hacia su corazón. Somos la raza bendita de Dios, los hijos del Padre creador de todos los sistemas universales.

Elevar oraciones en el nombre Yo soy es hacerlas en el nombre de Dios, reconociendo su parte y nuestra parte divina. Cuidar esta palabra es cuidar la divinidad que vive en cada uno de todos los que vivimos en este plano.

Yo soy uno con Dios

El barco es el cuerpo etérico y el timón las
emociones.

Entendamos entonces que viajar hacia otros planos mientras dormimos es parte del sistema natural del alma en el ciclo terrenal. El cosmos y toda su Creación se mueve en ciclos, y en cada uno de ellos existe una función específica que se tiene que llevar a cabo.

Para que todas las energías se muevan correctamente, es necesario que lo hagan por ciclos, ya que de esta forma todo está sucediendo dentro de los perfectos tiempos de Dios.

> *Hemos sido creados por una mente de cálculos perfectos, sentimientos matemáticos que suman emociones geométricas que se manifiestan a cada momento.*

La vida terrenal tiene varios ciclos, muchos de ellos conocidos: los ciclos del tiempo en las estaciones del año; los ciclos menstruales en la mujer; los ciclos de gestación de la vida en el vientre; los ciclos de siembras y cosechas, y los ciclos que conforman la vida del hombre y la mujer en encarnación.

Aunque todos son importantes, considerando los procesos necesarios para la evolución humana, el ciclo del cuerpo despierto y el del cuerpo dormido son los ciclos donde el alma vive profundamente la experiencia terrenal. Dentro de estos dos ciclos, el resto de la vida individual sucede sin detenerse.

Observar cómo se usan las energías diariamente durante estos dos ciclos proporcionará una evaluación más clara respecto a si la administración de luz se está llevando a cabo con uno mismo.

La salud también se conserva en equilibrio de acuerdo con la correcta administración del tiempo dentro de estos dos ciclos.

El ciclo del cuerpo despierto

El ciclo del cuerpo despierto se administra correctamente con acciones constructivas, con metas bien trazadas y organizadas para ser aplicadas en el transcurso del día. Todo compromiso que está en nuestras manos cumplir de inmediato debe ser cubierto en el tiempo exacto, según el tiempo establecido para la fecha de cierre.

Todos tenemos diferentes tipos de compromisos que cumplir, pero hacerlo dentro de una escala de valores espirituales permite que las energías fluyan sin contratiempos. Por lo tanto, las decisiones que se vayan tomando a lo largo del ciclo terrenal, cuando se basan en la siguiente escala de valores, harán que nuestros ciclos se inicien y se cierren a tiempo, sin desperdiciar una gota de energía.

Escala de valores de nuestros compromisos

- Dios
- Familia
- Trabajo
- Sociedad

El compromiso con Dios empieza por amarlo por sobre todas las cosas, por sobre cualquier preocupación, miedo, enojo, celos, angustia, y por sobre cualquier sentimiento irreal hacia nosotros mismos. Con esta conciencia, ninguna energía inferior a la divinidad podrá atraparnos, controlarnos o manipularnos. Mantener el foco en este punto es mantenernos en un alto nivel vibratorio.

Oración para conectar
con el primer nivel

Yo soy el amor divino expresándose en todas mis conductas, aprendo cada día a amar las manifestaciones de Dios en la Tierra. Todo lo que Yo soy lo respeto, lo cuido y lo conservo para mi más alto bien. La relación que tengo con Dios es sincera e importante. Cuando cumplo con mis compromisos terrenales y espirituales, cuido, conservo y mantengo la integridad con mi Creador.

El compromiso con la familia es cuidar la relación con nuestros padres, hijos y hermanos, además de todo vínculo consanguíneo que nos una con alguien. Aprender a amarlos como son, dedicarles tiempo, respetar las jerarquías familiares. Si se tiene algún problema familiar fuerte, verlo como una oportunidad para llegar a la conciencia de Dios a través del amor incondicional trabajando profundamente hasta lo permitido, según el caso. Buscar las soluciones familiares en el altar divino, pedirle a Dios que todo sea resuelto bajo su guía, perdón y justicia.

Oración para conectar
con el segundo nivel

Yo soy el control divino en todas mis energías. Administro correctamente mi tiempo y lo comparto con sabiduría con mis seres queridos. Desarrollo el papel que me corresponde bajo las instrucciones divinas. Honro lo que soy cuando honro lo que tengo. Me desarrollo con habilidad en las responsabilidades de mi hogar, cumpliendo en todas y cada una de ellas con respeto, amor y gratitud. Cuando cumplo con mi familia, estoy creando las energías del bien para mi casa, mi sociedad y mi planeta.

El compromiso con nuestro trabajo empieza con el respeto que vamos desarrollando por el, viviéndolo diariamente como una labor sagrada, ofreciéndoselo a Dios para el cuidado de la familia y de la sociedad. Hay que hacer del trabajo una de las tantas maneras de servir a Dios por medio de nuestra creatividad, y con ello servir a su Creación. Aplicar esta conciencia diariamente convierte a Dios en nuestro santo patrón.

Oración para conectar
con el tercer nivel

Yo soy la creatividad divina desarrollando
mi labor sagrada. Respeto las virtudes
otorgadas para mi bien terrenal, dejando
que Dios se exprese a través de mis
ideas, mis palabras, mis manos, mis
pensamientos, obras y acciones. Yo soy la
vida santificada en mis resultados; todo lo
que Yo soy es para servir al Padre.

❦

Y por último, nuestra escala de valores espirituales nos lleva al compromiso que le debemos a nuestra sociedad. Cumplir con ella solo se lleva a cabo a través de actos misericordiosos, bondadosos y amorosos. Cuando se trabajan y se respetan los tres primeros niveles, el cuarto nivel fluye exitosamente, creando juntos una sociedad saludable, respetuosa e íntegra en sus conductas espirituales.

Oración para conectar
con el cuarto nivel

Yo soy la misericordia divina expresada
en mis acciones. Las almas que hoy me
encuentre serán mis maestros. Ninguna
palabra injusta e insensata saldrá del poder

de mi voz. Cuando tomo lo mejor de todos
los hijos e hijas de Dios en evolución estoy
alabando a mi Padre.

⁓

Estas oraciones se repiten tres veces cada una por 33 días como parte de un sistema alquímico para reconectarnos con el orden cósmico.

Sin dejárselo todo al Cielo, las responsabilidades actuales son un parámetro importante de los compromisos personales y familiares que marcan los ciclos que se están viviendo: los ciclos escolares, académicos, laborales, y los ciclos con el grupo de energías en que vivimos. Somos energías cíclicas que viven en los ciclos de los demás.

Convivir con personas que no cumplen con sus ciclos involucra y afecta el cumplimientos de los ciclos personales.

El universo se basa en la responsabilidad.
Elizabeth Clare Prophet

Los servicios que recibimos de parte de nuestros gobiernos como luz, agua, teléfono, por mencionar algunos, tienen una fecha límite de pago: todos deben ser cubiertos a tiempo como parte de nuestras conductas ordenadas en el ciclo del cuerpo despierto. Lo mismo ocurre con el pago de las tarjetas de crédito, las colegiaturas, la renta, la hipoteca y cualquier adeudo, en donde están involucradas nuestras energías emocionales y materiales. Cuando practicamos cerrar nuestros compromisos desde la escala de valores y a tiempo, nuestro ritmo energético fluye en todo.

Esta también es una de las grandes claves para atraer la prosperidad, ya que ningún compromiso sin cumplir bloquea el paso a la abundancia que el cosmos está destinado a darnos. Esforzarse por trabajar para cumplir a tiempo los compromisos adquiridos desarrolla las capacidades y aumenta el potencial creativo, abriendo más oportunidades a la abundancia.

Quienes se atrasan en estas pequeñas cosas están reflejando una gran falta de esfuerzo en sus vidas; están haciendo menos de lo que les corresponde pues se encuentran fuera de la dimensión en la que han comprometido sus energías físicas, mentales y emocionales. Por lo tanto, las grandes cosas están esperando a que la responsabilidad les abra el camino.

Oración para crear responsabilidad y orden en nuestra vida

En el nombre de Dios, Yo soy la responsabilidad cósmica en todas mis energías, suelto las falsas creencias y dejo que el universo las transforme en orden, limpieza, constancia, fe, fuerza de voluntad y valentía, dejando que por ley de correspondencia regresen a mí. Las recibo

y las administro, permito que el sistema
cósmico las instale en mi vida siendo un
reflejo de su perfección, organización y
abundancia. Mis ciclos se cumplen cuando
hago lo que me toca y no dejo nada
inconcluso, porque Yo soy parte del cosmos,
y el cosmos para abrir una energía tiene
primero que cerrar lo que está pendiente.
Yo soy la fortaleza de Dios, que todo lo
cumple a tiempo.

❧

Esta oración se repite tres veces durante 33 días. Todas las oraciones compartidas en este libro pueden hacerse diariamente en múltiplos de tres por 33 días. Las oraciones que se consideren importantes, según el caso que se quiera mover para mejorar las cosas, son las que se sugiere repetir 33 veces durante 33 días.

Existen 33 niveles de conciencia y cuando se desarrolla una disciplina con la vibración de este número se ascienden los escalones, hasta llegar a las virtudes que se están buscando en el número 33. Pero el ciclo tiene que ser cada 24 horas, es decir, repetirlo diariamente por 33 días, de preferencia a la misma hora o cerca de la misma hora. Unos minutos más o menos y hasta unas horas más o menos, no afectan mucho este tratamiento alquímico. Lo importante es no perder la secuencia de la oración.

La Tierra es un camino más para llegar a Dios. Cada ciclo bien cumplido nos acerca a su presencia. El libre albedrío consciente nos mantiene cerca de este propósito espiritual, comprendiendo cada día que estamos regidos por una estructura de ciclos, leyes y amor.

Cuando las preocupaciones están instaladas en el cuerpo emocional o en el cuerpo mental, pesarán de tal forma que el barco del cuerpo etérico se mantendrá varado por mucho tiempo, provocando insomnio, noches de desvelo, pláticas interrumpidas con los seres cósmicos y grandes consecuencias a la salud.

Cuando se está agotado, difícilmente se da lo mejor de uno mismo.

El timón que maneja el barco de la conciencia son las emociones; mantenerlas en un estado de equilibrio es el trabajo diario de cada quien.

Encontrar el equilibrio personal muchas veces se convierte en una búsqueda difícil y confusa, ya que por lo general la mayoría de las personas buscan muy lejos de sí mismas, otorgándole todo el poder a las cosas externas, especialmente a las que más alimentan el ego. Sin embargo, el equilibrio se encuentra en lo más profundo de nuestro ser, donde anidan nuestros sueños o nuestros dolores, nuestras pérdidas o nuestras ganancias, donde late la vida que nos hace parte del todo.

Solo podemos encontrar el equilibrio en el latido de nuestro corazón.

En el corazón de cada uno viven los tres aspectos de Dios que nos honran como sus hijos. Cada uno de estos aspectos tiene un color particular.

El aspecto del amor divino es rosado. En él se desarrollan, a través de las acciones, la compasión, la creatividad y la belleza del Padre, quien vive en nuestro corazón.

El aspecto del poder divino es azulado. En él se desarrollan, a través de las acciones, la fuerza de voluntad, la justicia, la fe y la valentía del Padre, quien vive en nuestro corazón.

El aspecto de la sabiduría divina es dorado. En él se desarrollan, a través de las acciones, el conocimiento, la perspicacia y la inteligencia del Padre, quien vive en nuestro corazón.

Aunque sea solo una chispa diminuta, cada día es una oportunidad para hacerla más grande en nuestra vida. Se conoce como la llama trina o la chispa divina. Es Dios anclado en el corazón de sus hijos.

A lo largo de nuestro paso por la Tierra se viven incontables experiencias, algunas de felicidad con momentos inolvidables de alegría, y otras de retos, angustias, dolores y emociones difíciles de describir. Hemos aprendido que ninguna alegría ni ningún dolor son permanentes, pues las energías se tienen que mover hacia adelante. Hay cosas que no se pueden evitar porque son parte de un sistema divino. Pero mientras las cosas se estén moviendo, a favor o en contra, es importante mantener la estabilidad para no perder el equilibrio ante cualquier cambio inesperado de la vida.

El balance de las dos energías con las que hemos sido creados, ying y yang, son las fuerzas representadas del diseño original cósmico, del alfa y el omega, las fuerzas duales que rigen el macrocosmos.

"Yo soy el Alfa y el Omega", dice el Señor Dios. "Aquel que es, que era y que ha de venir, el Todopoderoso".

Apocalipsis 1:8

El microcosmos, todo lo que somos en esta dimensión, se rige también por estas dos fuerzas, positiva y negativa, heredadas de las fuerzas del óvulo y el espermatozoide que se fundió en el momento de la concepción. Estas energías, cuando pierden estabilidad nos desconectan del equilibrio cósmico provocando que estemos fuera de órbita y sin la claridad mental para regresar al eje de la conciencia divina.

Para retomar la claridad es importante enfocarnos en el origen divino de estas dos fuerzas cósmicas, mismas que componen todo lo que existe en el universo, entendiendo que el origen de la Creación en la Tierra y en el Cielo es divino y expresa todo lo hecho por el Padre-Madre. Por ello nada puede ser concebido desde el pecado, ni la vida que inicia en la carne. Dios no puede crear el pecado, porque el pecado implica conductas en contra del Espíritu Santo, y Dios jamás iría en contra de sus propias leyes.

Reconocer que somos hijos del amor es empezar a aceptarnos como los hijos de la conciencia perfecta anclada en la llama del corazón, que late al compás de los ritmos cósmicos que nos transportan dentro del tiempo correcto hasta el lugar de donde hemos salido.

De su corazón salimos y dentro de la fuerza
cíclica estamos regresando.

No podemos sentirnos menos si venimos del creador de todo lo bueno, puesto que somos parte de esa bondad. Es tiempo de reconocer la divinidad que vive en cada uno.

El balance y el equilibrio es lo que nos sostiene en estas maravillas cósmicas. Cuando por un dolor, un rencor guardado, un abandono, un abuso o por cualquier situación que ataque el mundo emocional se pierde cualesquiera de estas dos virtudes, los cuerpos pierden el equilibrio generando con ello enfermedades por el desajuste celular y anatómico en la estructura que compone el templo corporal, desordenando las energías que están creando los sucesos divinos de la vida.

Constantemente se están construyendo cosas buenas para todos en el espacio. Algunos logran conectar con esa Creación y la traen al plano físico. Sin embargo, la mayoría, aunque el cosmos esté construyendo algo bueno y único para ellos, por las conductas negativas que se mueven muy por debajo de la conciencia divina no logran integrarse en las energías constructivas destinadas a sus almas.

Conectando con el equilibrio interno

En el nombre de Dios, Yo soy el balance de mis energías, las muevo en la serenidad y la paz que me brinda saberme un ser de luz. Esta noche cierro los ojos y mientras duermo dejo que mis ángeles me llenen de sus cuidados y su amor. Yo soy el Alfa y el Omega, el Principio y el Fin. Yo soy toda la conciencia divina que me lleva a ser lo que Yo soy. Porque Yo soy un hijo de Dios. Yo soy el equilibrio de todo lo que se mueve dentro de mí, porque Yo soy quien se ajusta a las leyes del cosmos.

Movimientos de luz y de ciclos

Hágase la luz y la luz se hizo.

Somos seres de luz, seres de energía, somos movimientos continuos de vibraciones, una porción de la fuente inagotable. El alma es la luz de Dios, que crece y madura al principio y al final de las etapas terrenales y espirituales, desplazándose en el vaivén de las olas energéticas de los ciclos universales.

La mente y las emociones se arroparon con la piel, y aun así pasaron frío en los vacíos continuos de acciones erróneas. Buscaron el calor en otras pieles, cubriendo necesidades con ropajes ajenos, alejándose del brillo de la felicidad y todas sus vertientes. La infidelidad y la traición a la naturaleza alejó a los hijos de la luz que formaban el magnífico firmamento de Dios.

En busca de la luz

El alma
creyó en el primer amanecer
que asomó a su ventana.
Se fue con él y encontró la noche.
En la oscuridad quedó atrapada.
Buscó culpables
y lanzó reproches.
La voz gritaba de día,

la voz gritaba de noche,
pero la mentira la callaba.
Las ideas se apagaban
y el miedo la esclavizó.

Un amanecer celestial posó su luz sobre su
carne, y el alma recordó de dónde
venía…

Mi mente dio giros y vueltas para buscarte
en el centro de mis virtudes olvidadas,
dejando que el tiempo me llevara
a un Cielo de estrellas apagadas.

Fui buscando las ropas de mi alma,
recogiendo los pedazos de mi mente,
uniendo el ropaje con tu calma.
Me zurcí, ¡oh Padre!
el vestido con hilos dorados
de tu amor incandescente.

Pase lo que pase, sientas lo que sientas, y vivas lo que vivas, recuerda siempre que eres luz.

Las palabras del Cielo a la Tierra

Hoy sabemos que los cuatro cuerpos son las túnicas que visten el alma para poder expresar con ellas el nivel de santidad. Entiéndase santidad como salud divina.

Cuando los profetas hablaban en parábolas expresaban un lenguaje proveniente de los reinos celestiales, de los planos donde la conciencia de Dios se vive y se respeta por sobre todas las cosas.

El maestro Jesús habló en ese lenguaje por el alto nivel de vibración de los mensajes que venían en su máxima pureza celestial. Las mentes limpias pudieron descifrarlos desde el regocijo y la tranquilidad que brinda la sabiduría natural del alma.

Cuando uno se mantiene en esa conciencia venciendo los enredos encontrados en los planos de la materia, la sintonía con la fuente conserva un flujo constante y permanente.

La falta de control divino en los cuatro cuerpos inferiores en el hombre y la mujer ha sido una de las razones por las que la conciencia humana sigue enredada en las telarañas de la irrealidad.

Dominarlos es el objetivo de todo habitante terrenal; sin este dominio jamás se podrá evolucionar y aumentar las vibraciones que llevan a la paz que se respira cuando alguien se sabe cerca de Dios.

Las oportunidades para evolucionar mientras se está en el plano de la materia son mayores que en otros planos o dimensiones.

Una vez que dejamos esta dimensión es necesario cumplir con otros compromisos en los siguientes niveles. Cuando el alma nace nuevamente en cualquier otra dimensión, según sus acciones, si en su transición lleva deudas acumuladas, su trabajo será más difícil y más lento. Porque además de lo que tiene que hacer en aquellas esferas es obligatorio, de acuerdo con el sistema, saldar las cuentas pendientes que haya dejado en este plano.

El cosmos da, el cosmos quita, el cosmos paga, el cosmos cobra

No es posible darse el lujo de perder el tiempo; toda deuda adquirida será cobrada por las leyes. Nadie se puede ir de este ciclo tranquilamente sin antes haber hecho los pagos correspondientes. Quienes constantemente evaden, huyen y tratan de escaparse de ellos son almas que viven poco en esta tierra.

Limpiar las energías solo puede hacerse cumpliendo las leyes de Dios; son ellas las que deciden nuestros siguientes niveles vibratorios.

No crean que he venido a suprimir la ley o a los profetas. He venido no para deshacer cosa alguna, sino para llevarla a la forma perfecta. En verdad les digo: mientras duren el Cielo y la Tierra, no pasará una letra o una coma de la ley hasta que todo se realice.

Por tanto, el que ignore el último de esos mandamientos y enseñe a los demás a hacer lo mismo, será el más pequeño en el Reino de los Cielos.

Mateo 5:17-19

En verdad te digo: no saldrás de allí hasta
que hayas pagado el último centavo.

Mateo 5:26

Oración de obediencia

En el nombre de Dios, Yo soy la
obediencia divina en todas mis
decisiones; las experiencias siempre me
llevan a un aprendizaje mejor; los errores
que se cometen dos veces son originados
por la terquedad humana. Yo soy el hijo
de Dios que reconoce que las leyes están
hechas a mi favor. Yo soy obediente y
humilde cuando pongo atención a lo
que Dios me dice. Las cosas por las
que he pasado no las comprendo en su
totalidad, pero sé que cuando estoy con
Dios, estoy a salvo. Señor, hágase tu
voluntad y no la mía.

La historia que se quedó en el olvido

Cuando las leyes de Dios quedaron olvidadas, el hombre
y la mujer rasgaron sus vestiduras, hiriéndose la una al
otro. La sangre que corría por sus venas para unirse
como hijos de la misma fuente fue derramada día tras

día por la venganza nacida de la discriminación en todos los sentidos. El odio se expresó en los rostros de unos contra otros cegando a los hijos de Adán.

Ignoraron sus vestiduras como el transporte de evolución hacia los cielos, y aprendieron a cultivar el placer. Dejaron de ver más allá de las nubes, fijando la atención en los momentos efímeros que ofrecen las perversiones de las mentes carnales. Los cuerpos creados para incubar nuevas almas fueron usados, violados, lastimados, golpeados y humillados, provocando que las energías de la ignorancia y la desobediencia crearan karma en la humanidad.

El hombre desconoció su cuerpo como hombre, y la mujer como mujer. Dejaron de ayudar a Dios en su Creación. La mujer permitió el asesinato en sus entrañas y el hombre violó los reglamentos de la procreación al perderse en el placer de la carne. Las nuevas almas dejaron de llegar. La procreación en el plano de la materia se vio afectada por elecciones equivocadas desde el libre albedrío. Las vestiduras de piel perdieron su identidad dejando de expresar la personalidad del Padre.

Muchas almas se perdieron en el plano astral, buscando la redención en manos de mentes confundidas y pervertidas por la oscuridad. Aprendieron a negociar los problemas con la magia negra, los amuletos y las supersticiones inventadas desde el miedo y su oscura irrealidad. El alma reencarnó una y otra vez buscando a Dios en el hombre externo ensordecido por la voz de los falsos profetas.

Las almas fueron arrastradas hacia mundos completamente alejados de sus orígenes. Los sistemas cósmicos modificaron una y otra vez los nuevos planos de evolución, los que fueron destruidos por la rebeldía del hombre y reconstruidos por la misericordia de Dios, dejando historias como ejemplos para retomar soluciones en conciencia y obediencia.

Yo cuido la ropa que me regaló mi Padre

El alma depende de la mente, las emociones, los registros de vidas pasadas y el cuerpo físico para lograr su madurez y unión cíclica con el corazón de Dios. Es como un niño que depende de sus padres para comer, vestir y tener todos los derechos que le corresponden. Cada una de estas túnicas tiene el desafío de lograr la victoria divina, a través del control divino, para la evolución individual y colectiva de los hijos e hijas de Dios.

Todo tiene un tiempo y un momento, por lo tanto, el tiempo se acaba y las oportunidades también.

Los cuatro cuerpos inferiores son conocidos también como los cuatro jinetes del Apocalipsis, destinados a domar el brío descontrolado de la conciencia que determina la destrucción o la victoria.

Para comprender la historia se debe reconocer que controlar estos cuatro cuerpos inferiores no ha sido nada fácil. De hecho, podríamos considerarlo como el mayor desafío de la humanidad, aunque se nace con todas las virtudes para poder enfrentar aquello que interrumpe la evolución de la conciencia. La falta de disciplina aplicada con conocimiento es la mayor causa del atraso en la evolución del hombre dentro de sus tiempos correctos.

Hablar de tiempos correctos es hablar de la comprensión que debemos empezar a adquirir sobre el ciclo de la vida, y tener como principal objetivo nuestra realización espiritual, y a partir de ella trazar nuestro recorrido terrenal.

El alma viene a trabajar su unión con Dios, su reconciliación energética con el sistema divino, despertando del letargo que le han dejado tantas encarnaciones, arrancándose el velo de la ignorancia a través del aprendizaje y el desapego a creencias que la limitan en su evolución. Hay que considerar las 24 horas diariamente como una oportunidad para integrarnos más a los ciclos de Dios, fluyendo a través de la compasión por nuestro prójimo, de la tolerancia con nosotros y los demás, recogiendo con dignidad y respeto todas las experiencias que nos ha dado la vida. Debemos aprender a soltar todo aquello que nos encadena, renunciando al ego, para que las leyes del Padre se cumplan en nuestro destino.

Dejar nuestras huellas de luz en el camino por donde nuestros hijos continúen su viaje bajo una guía llena de amor, compasión y rectitud. Aprender a vencer los desafíos que atentan en contra de la salud del alma y nuestra unión con Dios. Sensibilizarnos ante la Creación del Padre y su sistema cósmico-matemático perfecto, agradeciendo que podamos seguir disfrutando de todo ello, con la oportunidad diaria de regresar a Él.

Despegarnos de la mente las telarañas de la inconsciencia; limpiar la malla de la mentira y el engaño autoimpuesta por eones y eones; purificarnos y al mismo tiempo reconocernos como hijos del Padre creador de todos los cielos; caminar por su tierra a paso firme con la meta de vivir aquí para llegar allá donde todo es perfecto, donde nace la vida, la luz y todo lo que hay en el universo.

Amansar el agua de nuestras emociones, detener la lucha contra el ego y la soberbia, darle paso a la grandeza del alma siendo luz iluminando la Tierra.

Oración para domar el brío de los cuatro cuerpos inferiores

Yo soy el control divino de todo lo que siento. Yo soy el cómplice de mis emociones instruyéndolas a mi favor; mis pensamientos están hechos para servirme, jamás para destruirme; en ellos voy a expresar mi madurez, mi sensatez y mi respeto por la vida. Cuando dejo que mis emociones salgan es para agradar a quienes confían en mí y abrazar al mundo con gratitud. Los recuerdos que guardo en mi mente me sirven para valorar lo que tengo cada día y para recordar que Yo soy

parte de una bella Creación, por lo tanto,
mis acciones solo son buenas, poderosas e
inteligentes, porque Yo soy el que todo lo es,
Yo soy el que Yo soy.

Yo soy uno con Dios

Creer más en Dios a partir de creer en uno mismo permite que el uso de poder sea aplicado de manera asertiva en todas y cada una de las áreas de nuestra vida, encontrando el equilibrio en sociedad divina.

Recuperar el poder en uno mismo requiere de una técnica, que empieza por descansar del agitado galope de la inconsciencia humana, sanarse poco a poco del desconsuelo que han dejado las batallas perdidas, y recobrar la fe para continuar el viaje de regreso al corazón de Dios.

Los errores no deben volver a repetirse. La dirección de todas las energías que viven en la Tierra va hacia la luz. Ya lo hicieron dos razas del pasado que lograron evolucionar dentro del tiempo y el espacio correctos. La confusión está dándose por vencida, provocando que surja entre todos una mayor responsabilidad espiritual.

Estamos empezando de nuevo —y muchos con el pie derecho—, dejando de ser las víctimas o los cómplices del engaño que nos impusieron los sistemas religiosos antiguos. Ahora somos los hijos responsables de sus elecciones y todos sus resultados; buscamos las herramientas espirituales necesarias para hacerle frente a lo inesperado que nos presente la vida, viendo a cada segundo el fuego de la oportunidad que nos envuelve en sus sagradas energías.

El alma brilla con la esencia pura de Dios, con la energía resplandeciente que la integra a su corriente creativa, guiando sus pasos hacia el camino que la llevará al encuentro con su Creador, esquivando las trampas de la ignorancia negligente para evitar caer en los planos de los deseos inconclusos y sus frustrantes resultados.

La naturaleza del ser humano es ser feliz en un mundo de innumerables oportunidades.

Oración para encontrar el ritmo
pacífico del cosmos

Yo soy el brillo divino que ilumina el camino
que me lleva a la perfección de mi ser
interno. Los ángeles guías dirigen mis pasos,
me abro a recibir los mensajes del Cielo
para encontrar y atraer el más alto bien que
me sea permitido, según las leyes cósmicas.
Reconozco que mi tiempo es valioso, y por
eso de hoy en adelante me enfoco en el logro
de mi madurez individual y espiritual.

La mente del hombre borra en forma sutil información importante pues el velo del olvido le es colocado en cada renacer para su propia seguridad. Sin embargo, las oportunidades de recordar de dónde viene y hacia dónde va son posibles, pues los registros del origen divino también se quedan en el cuerpo sutil.

Pero el hombre que prefirió no recordar por comodidad, creó un sistema de vida basado en conceptos vacíos, materiales y terrenales, mezclándolos con los sistemas religiosos, políticos y sociales, y haciendo a un lado el valor espiritual de la vida y la grandeza que genera el reconocerse como hijo del Altísimo.

Ello lo acercó a Dios a través del miedo, iniciándose la gran separación del Padre de los hijos. Las necesidades espirituales empezaron a ser cubiertas con la culpa y los cargos de conciencia. La fe en algunos gobiernos religiosos empezó a ser comercializada, atrapando y manipulando la inocencia original del alma.

La herencia del conocimiento de la sabiduría sagrada de nuestros profetas fue controlada y negociada por mentes ambiciosas y perversas, que buscaban comodidad y poder antes que la integridad con Dios. Escondieron las herramientas que nos dejaron los elegidos, haciendo que los hombres se enredaran en situaciones difíciles al tratar de rescatar su divinidad.

El viaje ha sido muy largo y doloroso. Después de mucho buscar afuera, el hombre y la mujer decidieron buscar adentro, encontrando un mundo maravilloso de luz y de aceptación de las leyes que rigen los principios universales.

Las religiones de Dios

Dios nos heredó cielos, mares, tierras en montañas y pastos; nos dio una inmensa variedad de alimentos; nos dio calor y luz con el Sol, dándonos un lugar hermoso para madurar. Aunque fuimos expulsados del Paraíso, el amor del Padre construyó un mundo parecido, en el que nuestro aprendizaje estuviera lleno de grandes riquezas. Los pinceles de Dios plasmaron hermosos colores en el firmamento, en la profundidad de los mares y en los campos.

Colocó sonrisas en los rostros, cualidades en las manos, y voz en sus profetas.

Cuando el hombre dejó de escuchar la voz de Dios, su conciencia estaba tan lejos de su origen que trató de buscarlo en las cosas que tenía frente a sí: lo buscó en los árboles, en las olas del mar, en el arcoíris, en las constelaciones, en los libros, incluso en otros hombres.

Al observar la conducta del hombre terrenal, nuestro Padre se dio cuenta de la gran necesidad que surgía en las nuevas razas. Entonces decidió enviar a los profetas para que por medio de ellos pudiera seguir comunicándose con sus hijos, como lo hacía en los tiempos del Edén.

Oyeron después la voz de Yahvé Dios que se paseaba por el jardín, a la hora de la brisa por la tarde. El hombre y su mujer se

escondieron entre los árboles del jardín para
que Yahvé Dios no los viera. Yahvé Dios
llamó al hombre y le dijo: "¿Dónde estás?".
Este contestó: "He oído tu voz en el jardín y
tuve miedo, porque estoy desnudo, por eso
me escondí".

Génesis 3:8-10

La voz es el poder del Padre que todo lo crea. Es la fuerza donde todo se inicia, la energía que marca las leyes en la conciencia colectiva e individual. La voz es el origen de nuestra creación, el poder infinito que todo lo puede. El lenguaje divino que nos construye y nos renueva, nos une y nos mantiene en la fe, razón por la cual seguimos buscando la guía en el estudio de la vida de los grandes elegidos.

"Haya luz". Y así lo dijo y la vida comenzó.

Sus profetas nos dejaron la herencia de la Palabra Divina ayudándole al Padre a continuar educando e instruyendo a su Creación aun después de la grave desobediencia de sus hijos. A través de ellos, Dios nos dejó claro que nos seguía amando y esperando nuestro regreso a casa.

No temas Abraham, Yo soy tu protector.

Génesis 15:1

La palabra es la fuerza de la Creación, el inicio de la vida en la Tierra. Los profetas de Dios han venido para brindarnos el poder divino a través de sus voces. Sus túnicas de piel sirvieron para expresar a Dios y continuar la expansión de la conciencia con palabras y acciones. Fueron instruidos para guiar a los inmaduros de espíritu enseñándoles a tejer las vestiduras de luz.

Nos han dejado el brillo del conocimiento, las leyes escritas y cumplidas en sus experiencias. Nos heredaron ceremonias para agradar al Padre y mediante ellas tener una relación con Él desde la Tierra. Dios nunca nos iba a dejar solos con nuestros errores; Él nos creó y sabe cómo devolvernos a sus brazos.

La religión debe empezar a sentirse con el corazón, sea esta la que sea. Antes de volver a encarnar con las túnicas de piel, el alma escoge el seno familiar y la religión que en él se profesa; por lo tanto, la religión debe respetarse de cualquier manera. Si dentro de la misma no se han encontrado las herramientas para liberar y potencializar el poder interno, dejemos que el alma busque con el corazón limpio, cuidando de no alimentar el ego que manipula y controla con falsas creencias. Que la elección vaya hacia el punto de equilibrio que se busca.

Hoy, las mentes y los tiempos han cambiando; se exige mucho aportando poco. Culpar a los gobiernos religiosos y políticos es una excusa para que cada quien deje de hacer su parte. Sin embargo, hoy más que nunca podemos sentir a Dios con los brazos abiertos en espera de sus amados hijos.

Herederos absolutos de un reino absoluto olvidado en las memorias de los infames, las luchas interminables invadieron sus mundos buscando la opción del más fuerte, arruinando una estructura perfecta hecha para todos. Donde todo se puede tener con la conciencia puesta en Dios como el Padre que todo lo da, lo perdona y lo comparte. Hoy es el momento de aprender a recibir lo que siempre nos ha querido dar a manos llenas.

Oración para recibir los dones del Padre

Yo soy la gratitud divina que reconoce la grandeza que vive en mí desde antes de que el mundo fuese. Nací de ti y Yo soy todo lo que tú eres. Veo dentro mío y encuentro las joyas de tus virtudes, son tu regalo y lo acepto. Por mi valentía al nacer descubro con ellas mis talentos y los pongo al servicio de tu humanidad.

"No soy yo, sino Dios quien te dará una respuesta favorable", contestó José. Y el Faraón le contó su sueño.

Génesis 41:17

Quizá la historia de José el Soñador también es uno de los relatos bíblicos más conocido en todos los tiempos, pues no solo habla de los sueños tan peculiares que solía tener desde los diecisiete años, sino también de la seguridad que mantuvo en su persona al darse a conocer con el don de la interpretación, ganándose con esto, a pesar de circunstancias adversas, la plena confianza del faraón.

Puesto que Dios te ha hecho saber todo esto, no hay hombre más inteligente ni sabio que tú. Tú estarás al frente de toda mi casa, y todo mi pueblo obedecerá tus órdenes, solamente yo estaré por encima de ti.

Génesis 41:39-40

José interpretaba los sueños en el nombre de Dios dándonos nuevamente a entender que este lenguaje proviene de planos más elevados y diferentes de aquellos en los que se mueve cualquier rey o esclavo terrenal.

Como todos los elegidos del Padre, José ayudó con sus dones a los demás. Su carácter compasivo y amoroso permitió ganarse la total confianza de todos los que estaban a su cargo, situación que lo llevó a ser el brazo derecho del mandatario.

Faraón tuvo este sueño: Estaba sentado a orillas del río Nilo cuando vio que salían del río siete vacas hermosas y muy gordas, que se pusieron a pastar entre los juncos. Detrás de ellas salieron siete vacas feas y flacas que se pusieron al lado de las primeras a la orilla del río. Pero las siete vacas feas y flacas se comieron a las siete vacas gordas y hermosas.

Génesis 41:1-4

En este fragmento de la Biblia se pueden considerar los sueños también como predicciones, es decir, mensajes de prevención para evitar posibles catástrofes. En estos tiempos desafortunadamente hay una mala interpretación de las predicciones, conocidas también como profecías, ya que muchas de ellas han sido tergiversadas y utilizadas para infundir miedo y con ello controlar a las masas. Ninguna predicción está obligada a cumplirse, son avisos para optar por conductas colectivas de conciencia.

José dijo al Faraón: "El sueño del Faraón es uno solo: Dios ha anunciado al Faraón lo

que va a hacer. Las vacas hermosas al igual
que las espigas granadas, son siete años de
abundancia. Las siete vacas feas y raquíti-
cas que salieron detrás, al igual que las siete
espigas vacías y quemadas por el viento del
este, son siete años de hambre".

Génesis 41: 25, 27

La exactitud con la que José interpretó la predicción de este sueño no solo les permitió unir fuerzas entre ellos dos, también ha dejado la enseñanza de saber escuchar y respetar los mensajes y obedecerlos por el bien nuestro. Organizaron inmediatamente la cosecha que se iba recogiendo y la administraron correctamente. Nunca dudaron de lo que estaban haciendo. Esta seguridad los llevó a hacer las cosas bajo un plan bien estructurado para las necesidades que se aproximaban.

Cuando terminaron los siete años de abundancia había suficientes alimentos para abastecer a sus súbditos y a los habitantes de los pueblos circundantes.

Dios me ha enviado aquí delante de ustedes
para salvarles la vida. Ya van dos años de ham-
bre en la Tierra, y aún quedan cinco en que
no se podrá arar ni cosechar. Dios, pues, me ha
enviado por delante de ustedes, para que nues-
tra raza sobreviva en este país. Ustedes vivirán
aquí hasta que suceda una gran liberación.

Génesis 45:5-7

José poseía el don de la interpretación y lo usó para obedecer a Dios. El propósito de sus mensajes era seguir sirviendo a las evoluciones y el manejo de la obediencia que provenía del Cielo y de la Tierra. Era un gran observador de la naturaleza; hijo respetuoso ante su Creador, conservó su posición en el reino faraónico sin dejar de aspirar a la liberación de su raza.

Ser obedientes ante Dios nos facilita el camino para realizar el tránsito planetario de manera eficaz y plena.

Entendamos la obediencia como una virtud con la que todos nacemos, un don que se nos otorga como herramienta para la evolución del alma.

Ser obedientes consiste en que toda elección que hagamos en nuestra vida sea bajo la primera ley escrita en los Diez Mandamientos: "Amarás a Dios por sobre todas las cosas".

A partir de ese mandato toda interpretación será hecha en su nombre.

En el nombre de Dios Yo soy, y en el nombre de mi santo ser crístico, amados seres de luz que cuidan mi alma en esta evolución, pido en el nombre del Señor que todo mensaje que descienda del Padre de las luces sea interpretado por mi conciencia divina para que el bien se manifieste en mis interpretaciones. Que la bendición del Padre sea entregarme el mensaje original.

Que la cautela sea quien te dirija

Cuando comprendemos que somos parte de un plan estructurado por una mente hecha de leyes y amor, nuestro paso por este mundo se vuelve cauteloso y tratamos de discernir lo que es mentira de lo que es verdad, lo que es oscuridad y lo que es luz, y lo que es irreal de lo que es realidad.

Para saber si las decisiones que se toman diariamente están basadas en las leyes de Dios, basta con observar hasta dónde se respeta el origen divino en lo que serán los resultados. Los resultados tienen que llevarnos a una victoria. La victoria solo se logra cuando se ganan las batallas. Las batallas son las pruebas que nos van a permitir discernir entre lo malo y lo bueno para el crecimiento del ser. Cuando se pierde una batalla hay que buscar nuevamente la luz. Cuando se encuentra la luz hay que llegar con ella al conocimiento. Cuando se llegue al conocimiento hay que darle tiempo al discernimiento para con ello llenar de vida a la vida.

La vida es necesaria para la evolución del planeta. Las almas necesitan sus vehículos para resolver todos sus errores pasados y entrar en la misericordia de la reencarnación. Así como nosotros les damos oportunidad tras oportunidad a nuestros hijos de carne, también el Padre lo hace con sus hijos del alma.

No hay ninguna razón que justifique el asesinato en el vientre materno. Todos nacemos con ese derecho ya que sin él no hubiéramos obtenido los otros derechos, principalmente el derecho de saldar nuestras deudas viviendo y evolucionando, con el derecho de ser perdonados.

Muchos planes divinos han sido expresados y alcanzados por la oportunidad del nacimiento.

Las almas tienen que nacer todas completas, para la evolución perfecta de un planeta. El matrimonio del hombre y la mujer, además de dar vida juntos, debe mantener la conciencia de estar educando almas y trayéndolas para su madurez, dejando de pensar que solo son hijos convencidos de que son almas y psicologías en encarnación

Cualquier enseñanza que justifique de cualquier manera romper el derecho al nacimiento está basada en la ignorancia, la oscuridad y la mentira, y el "guía espiritual" que la predique distorsiona de esta manera el camino de sus seguidores.

> *Por muy amoroso e iluminado que sientas*
> *el camino que te ofrecen para guiar tu vida,*
> *si está lejos de los orígenes divinos, tarde o*
> *temprano apagará tu luz.*

Todo lo que sale del corazón regresa al mismo lugar por medio de circunstancias o situaciones.

Todo conlleva un sistema de reajuste para el funcionamiento original de las energías que componen el planeta: lo que ha pasado, lo que está pasando y lo que va a pasar es el retorno de las energías que usaron las razas antiguas y presentes.

La historia está contada, narrada, vivida y está olvidada.

Hemos creado karma de raza, de nación, de familia y sociedad, y aunque el planeta sigue girando, todos estamos involucrados y tarde o temprano las leyes lo van a cobrar. Después de esta vida existen otras más. En todas se pide y se exige lo mismo: amar a Dios por sobre todas las cosas, y aunque ya hemos experimentado la muerte una y otra vez, Dios sigue ocupando un lugar muy pequeño en la conciencia humana.

Amarlo por sobre todas las cosas debe ser un regocijo, una victoria. Debemos ser educados con esta conciencia y desde pequeños aprender a desafiar a la vida tomados de su mano, como quien busca a su padre cuando se está con miedo, o a su madre cuando se tiene hambre o dolor.

Nos sigue faltando algo pese a que todos los profetas nos dejaron su legados y los sabios sus reflexiones. La mente humana sigue intoxicada con las falsas creencias, herencia de supersticiones y mentiras.

No es lo mismo buscar el camino en medio de la oscuridad de la ignorancia, que en medio de la luz del conocimiento. Dejemos la información distorsionada y los actos irresponsables a un lado y retomemos la sabiduría de los profetas y sus maravillosos ejemplos de humanidad. Trasformemos las energías de la superstición y el miedo con la grandeza de sus palabras y el amor incondicional que siempre profesaron al Padre.

Difundamos información responsable para orientar a las nuevas generaciones, y mediante este intento salir también beneficiados.

¿Por qué esperar que la vida nos grite, si el susurro de su voz es más dulce y encantador? ¿Por qué derramar lágrimas si el mundo está hecho de sonrisas y cosas buenas? ¿Por qué quitarle a Dios las cosas de sus manos y dárselas a quienes juegan a ser dioses?

¿Nos han usado los ángeles caídos? ¿Nos ha manipulado la oscuridad? ¿Nos han hecho sentir pecadores desde la concepción? ¿Hemos sido víctimas de alguna orden religiosa?

Somos responsables de todo lo que está pasando. Mediante el libre albedrío tomamos la decisión de ser felices o infelices. Nadie nos ha obligado a entregarle la luz a la oscuridad. Desde tiempo remotos el libre albedrío nos ha conducido a que el hombre juegue a ser dios.

Hemos sido influenciados, es verdad; hemos caído en juegos, es verdad, pero siempre tratando de ser más que Dios.

Caer en los juegos de los que predicen, leen el futuro y arreglan la vida con un hechizo es ceder el lugar a la oscuridad quitando de sus vidas el tiempo a la luz. Es creer que los dones son para satisfacer al hombre y no para trabajar por Dios.

Hechos a su imagen y semejanza, nos hace co-creadores con el Creador, pero para ser como Él hace falta maestría, la cual solo se obtiene manejando con sabiduría las energías al ritmo de las leyes, no de los intereses.

La oportunidad para sanar las heridas del alma, para perdonar y para superar cualquier adversidad, está dentro de cada uno en el esfuerzo, la disciplina y la fuerza de voluntad.

Debemos buscar las herramientas y llevarlas a la práctica, todos los días hasta el ultimo día.

Cantar una vez con los monjes tibetanos no nos garantiza llegar al Cielo, pero levantarnos como ellos todos los días a las cinco de la mañana, hacer oración, ayuno, meditación, cuidar la naturaleza, ser humildes y mantener el foco de la conciencia en Dios, seguramente nos llevará a un mundo mejor después de este.

Pero no se trata de irse al otro extremo. Desde donde se está hay que intentar mantenerse en la esencia de lo que realmente se es, comprendiendo que todos hemos venido a trabajar bajo un contrato, regidos por las cláusulas que hemos aceptado y firmado antes de ser carne.

La responsabilidad es una de las claves, todo cuanto se haga con ella nos lleva a Él.

- Responsabilidad para tener una vida digna.
- Responsabilidad para cuidar lo que somos y venimos a ser.
- Responsabilidad para comprometernos.
- Responsabilidad para cumplir las promesas.
- Responsabilidad para saber cómo llegar al otro lado de la vida.

Mi día comienza con responsabilidad

Yo soy la responsabilidad divina en
todo lo que Yo soy, fluyo con acciones,
responsables, mis pensamientos son
conscientes, maduros y van dirigidos a
encontrar el bien que me corresponde.
El universo es perfecto porque se hace
responsable de seguir un orden. Yo soy el
orden en mi vida y respeto mi escala de
valores: Dios, familia, trabajo y sociedad.
En el nombre del Yo soy, así sea.

Retomar el orden de cada espacio donde se vive y con cada vida que se convive es el comienzo de cada día. Solo somos unos viajeros buscando el camino de regreso a casa: la morada es Dios, no hay mucho qué discutir.

El árbol de la vida representa los ciclos que recorremos como almas en esta etapa terrenal. Si los ciclos se van quedando inconclusos no echará raíces, no dará flores ni sombra al viajero cansado.

Ser frondosos, fuertes y robustos es la misión de cada uno; la tierra está dada, la vida también, el esfuerzo viene de adentro por que la ley así lo pidió.

*Con fatiga sacarás de ella el alimento por
todos los días de tu vida.*
Génesis 3:17

La constancia, la disciplina y el esfuerzo nos llevan al cumplimiento de cada ciclo que administra la luz con la que estamos construidos.

*En cada esfuerzo habrá un logro, en cada
evasión una derrota.*

*Salir del enredo de las falsas creencias
tomando el control de cada verdad,
ser la Presencia multiplicada
en cada ciclo de la humanidad.*

*Creer que somos creadores
porque venimos de su conciencia,*

retomando con diligencia
los caminos perfumados
que rescatan la inteligencia.

Seamos fieles con su Creación, con sus hijos, sus hijas, sus tierras, sus mares y todo cuanto nos sigue dando.

Que el lado débil de los hombres y las mujeres
se haga fuerte sin que nada los derrumbe;
que la confianza sea la gran aliada
y que la esclavitud del alma sea derrotada.

Que la falta de fe no sea su perdición,
pero que sí sea el camino para llegar a Dios.
Que las leyes sean respetadas
removiendo la mentira implantada,
haciendo que la humanidad regrese
a la realidad tan esperada.

Y aunque las leyes de la humanidad se inspiran en las de Dios, el hombre las modificó sin misericordia, cubriendo intereses netamente terrenales y faltos de compasión.

Cumplir las leyes de Dios nos lleva por el
camino de una realización individual y colec-
tiva a paso perfecto para el cierre de nuestros
ciclos de vida en el tiempo correspondiente.

Si desde pequeños se nos enseñara a cumplirlas desde esta perspectiva, nuestra evolución como raza se llevaría a cabo en la forma perfecta, sin atrasos dolorosos, ni mediante experiencias imprevistas.

Cuando el hombre empezó a acercarse a Dios a través del miedo dio inicio la gran separación. El valor del ser humano se minimizó a través del cargo de conciencia y la culpabilidad. El peso de estas dos perversiones fue tan bien manejado por algunos gobiernos religiosos que la guía para encontrar el camino a través de la espiritualidad se convirtió en una forma triste de comerciar con la fe. Los encargados se olvidaron de sus funciones y hallaron una forma de vida cómoda, de prestigio y fácil, alejada del cumplimiento de la ley de Dios a través del conocimiento y el amor como principal ingrediente, además de la compasión, disciplina y misericordia.

El miedo se entronizó expandiéndose rápidamente por todas las familias y países, dejando a un lado la verdadera función dentro del orden religioso, que siempre ha sido y es transmitir la sabiduría heredada de cada uno de sus profetas a través del ejemplo.

En el ejemplo se hubiera dado todo cuanto se necesitaba en la parte espiritual, pero la manipulación a través del miedo y la conciencia del pecado alejó a las almas de la temible sentencia al fuego del infierno. Buscando consuelo y comprensión, se perdieron en un mundo de falsas promesas, en donde el cansancio y la realidad las regresó a la responsabilidad espiritual.

Aunque muchas almas encontraron el consuelo que necesitaban para estar en equilibrio dentro de sus religiones de nacimiento, algunas otras dejaron este plano sin haber encontrado la luz que les diera la verdadera quietud.

La relación con Dios mientras tenemos las vestiduras de piel es muy diferente una vez hecha la transición (el cambio de energías mientras se termina el ciclo terrenal). Solo aquí podemos acrecentar las cualidades que nos acercan a su esencia. Solo viviendo podemos encontrar las claves que nos integren a la luz de lo divino regresando al origen de la Creación. La vida va más allá, mucho más allá, de todo lo que podemos ver. Es el proceso que se tiene que pasar para lograr el desapego de todo lo material venciendo las ataduras de ideas equivocadas y de ambiciones que se adhieren y retrasan el desarrollo del alma.

Los maestros ascendidos nos enseñan que el logro máximo para terminar con los ciclos del karma es la Ascensión.

La Ascensión, maravillosa y real oportunidad

Lograr la Ascensión, que debe ser el objetivo principal de toda alma que está viajando por la Tierra, es una gran oportunidad. Esto se logra cuando las energías se desprenden del desapego de todo aquello que nos distrae para el enriquecimiento interno. Nada de lo que puedan ver nuestros ojos vale más que la riquezas del Cielo. Tenemos un banco cósmico donde todas las buenas acciones se depositan y se guardan. Cuando es necesario cubrir una emergencia y se le pide al Cielo bajo el nombre y la voluntad de Dios, se designa una parte de los "ahorros" cósmicos para hallar la solución o "milagro". El sistema divino es perfecto; quien mantiene sus decisiones fuera de este sistema jamás podrá recibir las cosas buenas que la vida tiene para su crecimiento.

> *Mientras el deseo por lograr el bienestar venga con la intención de mantener el equilibrio, compartiendo y repartiendo, el flujo constante de la prosperidad estará bendiciendo la vida que se lo merece.*

No se pueden desear las cosas solo para uno mismo; hemos sido creados para compartir todo lo que tenemos; tal como es el Padre es el Hijo. Cuando damos con el corazón, tenemos la riqueza asegurada. Para quienes viven pidiendo y buscando solo cubrir sus innumerables carencias, ciegos ante el valor de lo que reciben, el augurio será siempre el mismo: pobreza de alma, cuerpo y espíritu.

Trabajar por lo que se tiene, y compartir lo que se tiene, es una clave más para la Ascensión.

Padecer de insomnio es un ejemplo claro de las almas atrapadas completamente en el plano de la materia, del apego, que no les permite entrar al ciclo natural del sueño. Un alma desapegada tiene un organismo que funciona perfectamente dentro de los ciclos naturales de la vida del hombre y la mujer.

Ser desapegados no significa ser irresponsables ni faltos de compromiso; al contrario, una persona desapegada tiene tanta conciencia de su tiempo terrenal y su paso por el mundo que trabaja con dedicación y responsabilidad en sí misma para lograr una estabilidad que le permita dedicarse a alimentar su espíritu y cumplir con todo lo que se comprometió a hacer.

Una persona desapegada no practica la idolatría ni la superstición. Todos sus anhelos provienen de su ansia por volver a vivir en el Paraíso, y mantendrá por sobre cualquier interés un vínculo primordial con lo divino.

Alguien con desapego a los conceptos de la mente humana y sus falsos valores trabaja arduamente respetando las condiciones que la vida le pone para lograr sus objetivos. En el trabajo encuentra el medio para expresar el agradecimiento que siente por la salud, la fortaleza y las aspiraciones que construyen sus ideales.

El genio de la lámpara maravillosa

Todos alguna vez escuchamos hablar del cuento de Aladino y la lámpara maravillosa. En él se narra la historia de un joven que vivía en las calles de un pueblo de la China islamizada. Aunque este chico tenía fama de ladronzuelo, también se le conocía por su intrepidez y bondad y por sus sueños de tener una vida mejor. Sin embargo, la ambición del perverso Mago Africano pretendía bloquear todos los sueños de este joven al quedarse con los beneficios que brindaba el genio atrapado en la lámpara de aceite.

El joven Aladino tenía la naturaleza que se requería para ser el dueño de este genio y pedir los deseos correctos para engrandecer los tesoros del alma. La nobleza de espíritu era el pase directo para entrar a las vibraciones de los deseos cumplidos, representados en la cueva de los grandes y magníficos tesoros. Donde además de joyas, monedas de oro y piedras preciosas, se encontraba la codiciada lámpara del genio.

A pesar de que los cofres incrustados de piedras preciosas desparramaban monedas de oro y las finas joyas, anillos, collares y pulseras se esparcían por todos lados en grandes montones, la lámpara maravillosa era el afán de aquel mago africano.

Ni todo el brillo ni todo el oro ni todas las piedras preciosas juntas podrían iluminar la gran oscuridad de su rostro. Su ambición era conquistar el mundo y tener poder sobre la humanidad. Sin embargo, la inocencia de Aladino hizo que la lámpara llegara a sus manos.

El perverso mago influía con sus hechizos en la corte del rey de aquellas tierras, dominando al monarca a su antojo. Pero Aladino encontró la lámpara y sus bondadosos sueños se hicieron realidad, no sin antes haber peleado incansablemente batalla tras batalla en contra de su enemigo, el que a pesar de sus hechizos, brujerías y malas intenciones, perdió la guerra y su ambición lo dejó en la miseria.

En este cuento se describen, en forma ágil, entretenida y subliminal los niveles en los que está estructurado nuestro cuerpo mental.

El campo donde se construyen nuestros pensamientos, ideas, anhelos, proyectos y deseos se encuentra dentro del cuerpo de la mente.

Este campo cuenta con cuatro niveles de conciencia. Cada uno tiene una función diferente; sin embargo, todos funcionan con la misma energía: las vibraciones de la realidad o irrealidad con la que se percibe el mundo en el que se está viviendo, determinando con ello el sufrimiento o el gozo que se expresan en las mentes de los hijos de Dios.

- La mente consciente *manifiesta* en acciones la realidad que se está viviendo.
- La mente inconsciente *proyecta* en emociones el concepto de su realidad.

- La mente subconsciente *aprende* a manejar en pensamientos esa realidad.
- La mente supraconsciente *guarda* todas las emociones y los pensamientos que esa realidad le está dejando. Es el archivo.

La *mente consciente* manifiesta y vive cada momento sobre su realidad. Está creada para construir nuestros deseos y aspiraciones. Es la encargada de que estemos quietos o en constante movimiento por hacer realidad nuestras metas. Aladino representa el consciente saludable que desea, quiere y aspira sin miedo a hacer realidad sus sueños.

Cuando eres consciente de tu vida no tienes miedo.

La *mente inconsciente* es el genio que representa la fuerza divina e indestructible que crea todo lo que deseamos. Una vez que lo liberamos de todas las ataduras creadas por experiencias no resueltas, nuestro in-genio es capaz de darnos cuanto queremos. Cuando es liberado a la superficie de la conciencia está listo para servirnos.

La *mente subconsciente* es la lámpara de aceite en la cual está la realidad en que se vive, donde hay un genio atrapado quizá hace miles de años. El trabajo es liberarlo de su prisión. Para una mente saludable es dejarlo salir a realizar su trabajo e iluminarse con el brillo de los tesoros encontrados. Para una mente enferma es mantenerlo en prisión.

La *mente supraconsciente* es la cueva que alberga nuestras joyas, monedas y piedras preciosas traducidas en dones, cualidades y virtudes. Sin embargo, es el genio el que mantiene nuestros logros, aunque las joyas y los tesoros estén a nuestra disponibilidad tan abiertamente, sin un genio brillante todo lo material corre el riesgo de extinguirse.

No debemos dejarnos cegar por el brillo de los tesoros obtenidos sin esfuerzo porque cualquier mañana se acabarán.

Ábrete sésamo

Entra la luz de la conciencia. Se toma la lámpara, se frota con la energía del corazón noble haciendo que nuestro latido le dé vida al genio, quien a partir de ese momento vivirá para servirnos.

Somos uno con él como somos uno con Dios.

El perverso Mago Africano representa las fuerzas oscuras que, en su maldad, no desean nuestra realización. Simboliza a los ángeles caídos y magos negros que existen en este plano y en el plano astral, quienes pueden ser liberados de su propia energía mal utilizada con tan solo arrodillarse ante nuestro Dios.

Es en las rodillas donde se acumula el karma, esa energía que saldrá tarde o temprano hacia su lugar de origen, regresando en ciertas circunstancias o situaciones. Aunque lo que sale del corazón regresa a su lugar, cuando hay una gran acumulación de obras mal hechas, las rodillas van cargando el peso de las acciones equivocadas. Por esta razón se nos ha enseñado a pedirle perdón a Dios hincados ante su altar.

El acto de arrodillarse ante Dios es un acto de amor profundo ante el ser que todo lo tiene y todo lo comparte. Le ha pedido al peor de los malvados que se arrodille ante su luz para que sea liberado. Solo así puede Dios ver y sentir el arrepentimiento sincero en sus hijos.

Cada vez que uno de ellos se arrepiente y se arrodilla, se liberan también las almas que atraparon con sus engaños.

No existe ninguna injusticia en el universo.
Portia, diosa de la justicia

Saber que existe un genio maravilloso dentro de cada uno de nosotros nos acerca indudablemente a nuestras metas con el entusiasmo que genera el latido de un corazón noble.

Buscar la cueva, encontrar la lámpara, frotarla y tener a nuestro genio a nuestra disposición, ha sido el sueño cumplido de grandes personajes dentro de la historia de la humanidad. Vencieron sus miedos conforme fueron conociendo el poder de la mente saludable y el corazón amoroso.

Quienes lo han logrado tuvieron una misma virtud en común: la fe.

La fe es una virtud con la que todos nacemos para poder recordar de dónde venimos y con qué objeto.

Una vez descubierta la lámpara maravillosa, la fe es la fuerza del corazón que al salir por los brazos y llegar a las manos frota y libera al genio para hacer realidad cualquier sueño.

Pero hay que estar atentos: hay que ubicar la cueva, proteger la puerta, guardar la lámpara y cuidar al genio, porque muchos magos negros pretenden quedarse con lo que nos pertenece por derecho de nacimiento.

La luz empieza a cuidarse desde el momento en que tomamos conciencia de que somos seres compuestos de energía; que venimos de un sistema cósmico donde todo se maneja en frecuencias vibratorias; que conectamos según donde esté puesta nuestra atención.

Hágase la luz

La luz es energía, somos su energía.

Mantener la atención puesta en lo alto, en el corazón de nuestro Creador, nos ayuda a mantener en alta frecuencia los niveles generando una protección absoluta a nuestro alrededor, ya que al mantenernos arriba, ninguna baja frecuencia tendrá fuerza para alcanzarnos.

Los buenos hábitos se deciden todos los días; olvidarlos o conservarlos está en el libre albedrío.

Recordemos que hay infinidad de disciplinas que existen para nuestro bien interno. Hacer ayunos de alimentos y de silencio de manera frecuente, así como novenas de oraciones es bueno para cuidar la luz. Pero sea la que sea, cualquier disciplina tiene que ir acompañada de una buena intención para que funcione en todos los niveles.

Los ayunos pueden ofrecerse para la limpieza de los cuatro cuerpos inferiores y para los cuerpos inferiores de familiares, amigos y seres queridos. También se pueden ofrecer para la limpieza del planeta completo. De esa forma se intensifica la fuerza interna y el retorno de beneficios se multiplicará.

Una o dos horas a la semana de ayuno de silencio pueden ser muy favorables para el inicio de esta disciplina, así como evitar comer carne roja uno o días a la semana. O bien hacerse vegetariano paulatinamente, como es mi caso. Invocar diariamente rosarios, mantras o cualquier actividad espiritual que permita la conexión con la divinidad a través de la voz. Todo esto deberá ofrecerse para la limpieza del alma y la de todos los seres queridos, siempre tratando de incluir a nuestro planeta.

Cuando los abrigos de piel se limpian y purifican, el mensaje de los sueños es mucho más claro para su interpretación. La vida es más consciente, la influencia externa se debilita, la oscuridad no encuentra lugar, y Dios recupera a uno más de sus guerreros.

El hombre es la única especie de la Tierra que se bloquea a pesar de tantas virtudes con las que ha nacido

La forma en la que se ha entendido el reconocernos hechos a imagen y semejanza del Altísimo es, sin duda, una de las principales razones para la confusión de la humanidad. Decir que se nace con todo y carecer de fe para demostrarlo, no es fácil de comprender en un mundo creado perfectamente para nuestro desarrollo espiritual.

Retomemos cada día como una oportunidad para aprender a tener la conciencia del verdadero mensaje, de que somos los hijos del que crea todo perfectamente. Somos la imagen y semejanza de su perfección.

> *El hombre busca la felicidad en conductas infelices.*

Las cosas irán mejorando de acuerdo con calidad de nuestras acciones, porque mientras continuemos envueltos en el vórtice de la mentira y sus graves apariencias, la densidad energética que esto genera evitará el flujo correcto del avance humano.

Mientras no se defienda y se reconozca el origen de nuestra Creación seremos masas participando de las conductas erróneas de unos con otros, presas fáciles de la oscuridad, de esos ángeles rebeldes que han decidido no arrodillarse ante la luz como reverencia y gratitud por hacernos parte de un sistema perfecto. La imperfección solo vive en la inconsciencia, lo perfecto en el corazón de Dios.

Lo dice la Escritura:

> *Pues el que cree en mi tendrá de beber. De él saldrán ríos de agua viva.*
>
> Juan 7:38

El sistema nos mantiene unidos a una corriente de energía, permitiendo que nos podamos mover, hablar, sentir y pensar. Esa corriente de luz es imparable desde el momento en que nacemos hasta el momento de nuestra transición a otros planos.

Aquí o allá, quienes somos hijos de la luz siempre nos mantendremos conectados con esta fuente inagotable de potencias ilimitadas. La Creación ha sido hecha de luz, de energía creativa para nuestro sustento infinito.

Reconocer nuestra luz es reconocerlo a Él como nuestro Padre; aceptarlo como tal es aceptar sus leyes de amor y sabiduría. Siendo seres de luz, somos seres de energía, de frecuencias vibratorias en constante movimiento que conectamos y desconectamos unos con otros, desde nuestros niveles vibratorios de conciencia.

Comprender que hemos sido creados a imagen y semejanza del Padre nos enseña a través del entendimiento que hemos nacido con capacidades importantes para cumplir con las exigencias de la vida en el proceso de nuestro desarrollo. Sin importar las condiciones físicas, mentales y emocionales con las que se nacen, todas las almas que han encarnado en este y todos los tiempos vienen a recuperar el tesoro de sus grandes virtudes.

Cuando estas virtudes son encarnadas en nosotros, se convierten en energías creativas internas, girando en nuestro cuerpo mental, animándose con nuestras emociones, encontrando su manera de expresión en las áreas de nuestra vida. Las virtudes brillan, se mueven, hablan entre sí y con nosotros. Una vez que están totalmente recuperadas nos obligan a que las compartamos con los demás. En el mundo mineral serían los diamantes del alma. Son adorables, amorosas, sinceras y honestas cuando les abres un espacio permanente en tu vida, creándose una conciencia de cuidado entre el hombre y los tesoros de Dios. Las virtudes son parte de la jerarquía del reino angelical, y una vez que logramos recuperarlas solo lo contrario al amor y todas sus expresiones las bloquean o eliminan de nuestro plan de vida. Las virtudes nos mueven hacia el éxito, la realización y la plenitud. Su misión es liberarnos de las falsas creencias, por lo tanto, emociones y mentes cerradas jamás les darán acceso.

Recibiendo mis virtudes

En el ritual de la comunión podemos encontrar muchos mensajes para el alma.

El maestro Jesús nos dejó una gran cantidad de herramientas para lograr el manejo correcto de nuestras energías. Instruyó a los doce apóstoles para continuar difundiendo su trabajo y sus enseñanzas. Nos dejó el legado de ciertos rituales, como el bautismo y la sagrada comunión, rituales muy significativos para la recuperación paulatina y segura de todas las virtudes del alma.

Jesús vino a mostrarnos sus capacidades para volver a unir a los hombres a través del conocimiento de las leyes y los deseos de Dios.

Todas sus acciones, palabras, proyectos, deseos e intenciones han mantenido el objetivo de regresarnos al Padre. El maestro Jesús nos vino a mostrar que el alma es la energía más importante en la Tierra, aquella que solo a través de la comprensión y el dominio absoluto de nuestros puntos débiles podrá ser devuelta al Paraíso de donde fue arrancada.

Dios mismo tenía que encontrar la manera de que lo viéramos nuevamente como aquel padre que busca a su hijo para regresarlo al hogar. En un intercambio de amor se lograron y respetaron alianzas importantes entre Dios y el hombre.

En el Viejo y Nuevo Testamento encontramos joyas para la comprensión del trabajo de Dios como Padre con sus hijos en la Tierra.

El silencio que rompió el padre con la voz de sus profetas

Samuel fue conocido como uno de los grandes profetas de Israel. Ana, su madre, no podía quedar embarazada y le prometió a Dios el alma de su hijo. Dios la escuchó y su hijo nació. Entonces la madre de Samuel dijo: "Ahora yo se lo ofrezco a Yahvé para que le sirva toda su vida: él está cedido a Yahvé". (Samuel 1:28)

Y Samuel, cuando creció, fue el que ungió al rey David por órdenes de Yahvé. Dios nuestro Padre le ordenó:

"Llena tu cuerno de aceite, pues quiero que vayas a casa de Jese, del pueblo de Belén, porque he elegido a uno de sus hijos para ser mi rey". (Samuel 16:1)

Samuel contestó: "¿Cómo voy a ir? Si se entera Saúl me matará".

Respondió Yahvé: "Lleva una ternera e irás como para ofrecer un sacrificio. Invita a Jese al sacrificio y te indicaré lo que tienes que hacer y me ungirás al que yo te ordene". (Samuel 16:2)

Cumplió Samuel lo que Yahvé le había mandado. Cuando llegó a Belén los jefes de la ciudad salieron temblando a su encuentro y le preguntaron: "¿Vienes en son de paz?". Samuel respondió: "Sí, he venido a sacrificar a Yahvé [a ofrecerle un sacrificio a Dios]. Purifíquense y vengan conmigo al sacrificio". Samuel purificó a Jese y a sus hijos y los invitó al sacrificio. (Samuel 16:5)

Así pues, fueron pasando los siete hijos de Jese y aunque Samuel pensó que era el mayor el elegido, Yahvé le contestó: "No mires su apariencia ni gran estatura, porque lo he descartado. Pues la mirada de Dios no es la del hombre, el hombre mira las apariencias, pero Yahvé mira el corazón". (Samuel 16:7)

Preguntó, pues, Samuel a Jese: "¿Están aquí todos tus hijos?". Él contestó: "Falta el más pequeño, que está cuidando las ovejas". Samuel le dijo: "Anda a buscarlo pues no nos sentaremos a comer hasta que él haya venido". Mandó Jese a buscar a su hijo menor. Era rubio, tenía lindos ojos y buena presencia. Y Yahvé dijo: "Levántate y conságralo con aceite, porque es este". Tomó Samuel el cuerno de aceite y lo ungió en medio de sus hermanos. Y el espíritu de Yahvé permaneció sobre David desde aquel día. (Samuel 16:13)

El rey David gobernó cuarenta años en Israel, de los cuales siete pasó en Hebrón y treinta y tres en Jerusalén. (Reyes I: 11)

El Mesías, hijo y señor de David

Aprovechando que los fariseos estaban allí reunidos, Jesús les preguntó: "¿Qué piensan ustedes del Mesías? ¿De quién tiene que ser hijo?". Contestaron: "De David".

Al maestro no le pareció correcta la respuesta y con la seguridad que siempre lo distinguió, añadió:

"¿Cómo es que David llama al Mesías su Señor? El Señor ha dicho a mi Señor: 'Siéntate a mi derecha hasta que ponga a tus enemigos bajo tus pies'. Si David lo llama su Señor, cómo puede ser hijo suyo?". Y nadie

supo qué contestarle. Desde ese día nadie se
atrevió a hacerle más preguntas.

(Mateo 22: 41-46)

Las parábolas del maestro Jesús tienen enseñanzas no solo para el alma sino también para comprender el camino que venimos a recorrer mientras transitamos por el ciclo terrenal. En aquel entonces, tener un rey permitía que hubiera un orden social, político y cultural.

Cuando el rey no abusa de su poder permite que las almas a su cargo puedan desempeñar exitosamente sus planes divinos. Tal como lo hizo el maestro Jesús: nos dejó todo para que aprendiéramos a pescar y tener el pan de cada día.

Un rey representa también el nivel de las jerarquías dentro del orden cósmico, para que todo pueda desarrollarse dentro de un sistema correcto para lograr resultados perfectos e inalterables.

Jesús ha sido considerado Rey de Reyes, el más grande en amor y poder, supo dirigir su reino con ejemplo, fuerza, valentía y sabiduría.

Fue tan honorable y honesto, que la herencia que nos dejó, nos sigue enriqueciendo en todos los sentidos.

Después de hablarles, el señor Jesús fue llevado al Cielo y se sentó a la derecha de Dios.

Marcos 16:19

El maestro Jesús fue un alma que trabajó en la perfección a través de sus ciclos en la Tierra. Rompió con su voz el silencio del Padre. Nos heredó sus palabras. Tuvo logros en la Tierra antes de encarnar al Cristo.

Estuvo encarnado en la Atlántida, como uno de los principales maestros de la época dorada del continente perdido, del cual tuvo que salir con el grupo de almas obedientes antes del hundimiento. En sus encarnaciones conocidas también fue el rey David y José el Soñador. La parte interesante de esta información es saber que Jesús tuvo que cumplir con Dios para poder hacer una alianza con su Padre en el rescate de sus pequeños perdidos. Su logro fue tan maravilloso que Dios lo eligió de entre sus hijos por el grado de fidelidad que encontró en sus encarnaciones pasadas. Dios sabía que Él jamás le iba fallar. En su pecho latió la pureza de nuestro Creador.

Tal y como está escrito, David y Jesús fueron sentados a la derecha del Padre. Ambos son conocidos como reyes de Israel, nacidos en Belén. Uno gobernó 33 años Israel y el otro fue crucificado a los 33 años en la misma tierra.

Todas las alianzas mencionadas en las sagradas escrituras entre Dios y el hombre son acuerdos divinos, que han permitido retomar la conciencia y el conocimiento que se perdió en la gran desobediencia.

A la mujer le gustó ese árbol que atraía la vista y que era tan excelente para alcanzar el

conocimiento. Tomó de su fruto y se lo comió
y le dio también a su marido que andaba con
ella, quien también lo comió.

Génesis 3:6

Mi alianza con Dios

Cuando se aprende a cuidar las energías del alma, la vida se vuelve más selectiva, dejando de alimentar conductas negativas en palabras y acciones, y manteniendo el enfoque en el orden de los valores espirituales.

> *Un valor espiritual es aquello que nos integra*
> *a la esencia original de la Creación. Entre*
> *más cercanos a ellos, más íntegros como*
> *personas.*

Dios no hace acuerdos con cualquiera. Se necesita un cuerpo limpio, una mente clara, un corazón sincero y desinteresado, para acordar alianzas con sus hijos.

Hagamos de esta vida una alianza con el Padre, y con una promesa sincera dediquémosle tiempo cada noche mientras dormimos y cada amanecer que nos despierte .

Instituyamos una nueva conducta donde todo esté dado para regresar a su Cielo.

Seamos valientes: defendamos lo que es nuestro, este hogar, este planeta y esta vida.

¿Somos cómplices, culpables, víctimas o inocentes?

Descubrir que se nace con la capacidad de elegir entre aciertos y errores genera una confianza sin límites en el poder de elección. Confundidos se cree que se nace sabiéndolo todo, y aunque hasta cierto punto es verdad, solo la experiencia o la preparación permite discernirlo dentro de un proceso saludable.

Las elecciones que surgen de la soberbia, el orgullo o la ignorancia arrojarán resultados devastadores en la vida. Todo un ciclo terrenal puede desperdiciarse si no se dominan estos sentimientos y emociones ausentes de luz.

Hasta el día de hoy no se ha entendido con claridad que formamos parte de un sistema ordenado, limpio, rítmicamente perfecto, geométricamente elaborado, para darle un molde adecuado a las energías que se mueven y circulan en la vida y en el cosmos.

La luz del alma es el máximo tesoro de un hombre y de una mujer. No hay nada en la Tierra que valga igual a ella. Su fuego es sagrado y va en aumento cada vez que se deja actuar a Dios en nuestra vida.

Somos responsables de la vida espiritual que elegimos y de nuestra relación con el Padre.

Cada quien decide dónde y cómo invertir sus energías y a qué costo y condiciones. Cuando se tiene un panorama claro del costo y beneficio implicados en la elección, el enfoque de cuidar lo que se tiene se mantiene pese a cualquier amenaza de pérdida o confusión.

Todos somos responsables de todas y cada una de las situaciones caóticas que están sucediendo en el planeta. Somos responsables de la acumulación de energías desordenadas que no pueden integrarse al cosmos por no ser parte de su sistema. Por lo tanto, es imposible un sano fluir evolutivo, tanto individual como colectivo.

Nadie puede ser más culpable o más víctima que otros, cuando se ha actuado con la misma irresponsabilidad energética de mente, cuerpo y espíritu .

Estamos viviendo las consecuencias de nuestras decisiones inconscientes al quitarle orden a la vida e imponer y creer en un sistema humano ambicioso e injusto en todos sus aspectos de creatividad moral.

Solo poniendo orden podremos iniciar de nuevo de manera saludable y sin riesgos peligrosos para el avance de la espiral evolutiva, de la humanidad y del planeta.

El orden cósmico de Dios

Dios mismo se manifiesta en sus elegidos, entregándoles las claves para que al vivirlas se pueda cerrar un ciclo terrenal exitosamente. El libre albedrío es la única intención que nos puede acercar a estas claves, y comprenderlas y practicarlas nos lleva al conocimiento de la sabiduría divina permitiendo administrar correctamente la luz del alma.

Nuestro padre Moisés fue elegido por el corazón limpio y amoroso que demostró por Dios y su pueblo. Yahvé pudo ver con claridad el brillo invaluable de los destellos de su corazón, percibiendo y recibiendo las energías que lo mostraban sincero como el hijo que reconoce el valor del padre.

Le entregó los Diez Mandamientos para sentar las bases de la comprensión de las claves que permiten el flujo rítmico y perfecto de las almas en evolución.

Para que las cosas funcionen en una empresa, en una familia o en el universo, tiene que haber un orden. Lo mismo en la evolución de la humanidad, para que las energías se muevan al ritmo del avance cósmico tienen que desarrollarse dentro de un ordenado compás universal.

Estos ritmos se marcan en la obediencia de las leyes en la conducta del hombre y la mujer. Cuando son incumplidas a nivel individual y colectivo, estos ritmos se distorsionan generando energías que bloquean el avance del flujo planetario por medio de cambios climáticos o desastres naturales.

Por otro lado, cuando son cumplidas por un gran número de almas con conciencia colectiva de la obediencia divina (quienes mantienen la llama de la disciplina y la obediencia en vigilias largas de oraciones, decretos, cantos sagrados, mantras, rosarios, etcétera), el flujo del planeta se acelera con el apoyo de estas energías llegando a tiempo al cierre de los ciclos planetarios. Si en algún momento un gran número de almas llegara a desobedecer nuestras leyes divinas y no existiera la energía suficiente para ayudar al planeta a avanzar en sus ciclos, la civilización actual desaparecería y el planeta sería destruido por la misma fuerza universal.

La raza Yo soy sería recordada como una raza destruida, y se contarán de nosotros las historias que hemos escuchado de la Atlántida y Lemuria.

Quizá algunos tuvieran la gracia de ser salvados, como Lot y su familia y Noé y su familia, pero quienes no reciban esa gracia llegarán con sus energías a niveles atrasados en comparación con los ritmos imparables de los ciclos universales.

No se sabe si nos toque la gracia de volver a nacer, pues las leyes, los gobiernos y la sociedad siguen apoyando el aborto. Pero tener que empezar de nuevo cuando se nació con todo para lograr la Ascensión sí es una noticia deprimente.

En cuanto tomemos las decisiones sobre la escala de valores que marca la escalera cósmica: Dios, Familia, Trabajo y Sociedad, los cuatro jinetes del Apocalipsis serán domados y la profecía cambiará. El planeta será conservado por la gran obediencia y todos viviremos en una era dorada, similar al Paraíso de donde se nos desterró. Al ganar lo perdido cuidaremos hasta la última gota de luz divina que estuvo a punto de extinguirse.

Tal como el óvulo tiene que madurar para que se funde una vida, una flor para que se convierta en fruta y un niño para ser adulto, asimismo nuestra alma viene a madurar para cumplir con sus ciclos terrenales y cósmicos.

Solo la rueda del karma nos atrasa en el camino de las deudas no saldadas en el tiempo y el espacio, haciendo que la vida se convierta en un disco rayado, girando en una misma frecuencia y en una misma onda vibratoria.

Si el agua no fluye en un estanque, del otro lado de la ciudad seguramente habrá ríos caudalosos que no detienen su avance bajo ninguna circunstancia. Asimismo, aquellos que se detienen en el pasado o en la onda vibratoria de la preocupación y bajos deseos, tendrán avances cíclicos lentos y aletargados, quedándose en las vibraciones de los más bajos instintos. Solo quienes cumplen las leyes podrán avanzar como ríos caudalosos que llegan al océano infinito de la inmortalidad.

Aunque se dice que son pocos los elegidos, son muchos los que hoy en día abren la conciencia y actúan con rapidez, tomando la vida en serio y con ella el cumplimiento de las leyes del cosmos.

A lo largo de nuestra vida los retos a vencer son las pruebas que nos están formando y preparando para nuestra gran iniciación. El periodo en la Tierra nos hace conscientes de la enorme responsabilidad que tenemos unos con otros.

Mientras vivimos, nuestra experiencia en la etapa terrenal no solo nos deja satisfacciones de momentos inolvidables con quienes amamos, también nos deja las bases para el siguiente nivel fuera de este plano o dimensión. Estas bases se van construyendo conforme vamos desarrollando la sinceridad y la comprensión de cada segundo vivido.

La vida va más allá de capítulos, fragmentos e historias, más allá de cualquier llanto, tristeza o abandono, más allá de momentos felices, plenos e inolvidables. No es sano apegarnos a ella pues el propósito final de la existencia terrenal es que el alma logre su realización al obtener el dominio por sobre toda conciencia humana. La conciencia humana está hecha de acciones superficiales que solo dejan un resultado sin transcendencia en ningún plano.

La conciencia divina es la victoria de cada alma. El núcleo de esta conciencia se nos perdió entre las memorias de todas las vidas reencarnadas acompañadas de acontecimientos imborrables que fueron endureciendo el corazón del hombre.

Aunque el alma sabe que su meta final es Dios, y lo busca a través de todo lo bello, sigue estando atrapada en un huracán de falsas creencias.

Retomemos cada mañana las oraciones que nos llevan hacia lo que somos y venimos a ser por Él.

Es tan importante respetar el tiempo que se nos permite dentro del sistema universal para el cumplimiento de nuestro plan divino, que cada segundo desperdiciado nos deteriora en todos los aspectos de nuestra vida, al habituarnos a vivir en el atraso de nuestra evolución.

El plan divino es el proyecto que Dios ha diseñado para cada alma. Estos proyectos están regidos bajo sus leyes y sistemas de mundos. Solo las almas que obedecen las leyes del hombre y de Dios pueden fluir en estos sistemas desarrollándose en ellos con claridad y exactitud. Quienes se dicen iluminados y no tienen conductas rectas ni con ellos ni con los demás, son los soberbios espirituales que tienen confundida a la humanidad respecto a Dios.

Dios es el único que tiene el poder divino de dar o quitar la vida. Dios no se equivoca al hacer la cosas dentro de su perfección. Parte de su Creación es mantenernos inmortales en su esencia para poder expresarlo en nuestro periodo terrenal. Somos inmortales cuando nacemos y dejamos nuestros frutos en los hijos y en los hijos de nuestros hijos y en los hijos de los hijos de nuestros hijos.

El árbol de la vida es la unión del hombre y la mujer. Crece con sus ramas y se reproducen los frutos a través del respeto y la sabiduría sembrada en nuestros ancestros. Nacer es la misericordia divina en su máxima expresión otorgada por la ley del cosmos.

Solo naciendo podemos cumplir con nosotros, los nuestros y con Dios.

Cuando se conoce a Dios más de cerca se aprende a amar y a respetar sus sistemas, poniendo en ellos nuestra total confianza. Es entonces cuando Dios nos permite hacer una alianza con sus energías para el cumplimiento de nuestro plan divino.

Volver a recuperar nuestro poder divino es posible al recuperar total y sanamente nuestra relación con Dios. Eso nos inspira a concluir nuestros ciclos en la Tierra, empezando por los más fáciles: despertar y dormir. Dejando de cometer los mismos errores al creer que no pasa nada, cuando hace mucho que está pasando.

> *Un error es aquello que lleva a actuar en*
> *contra de la propia felicidad.*

Cuando alcanzamos la edad madura o los años enriquecidos de experiencias, la confianza en nosotros nos da la guía para tomar decisiones más apegadas a nuestro bienestar. La prioridad por cuidarnos en todos los sentidos se vuelve más intensa empezando por responsabilizarnos de nuestras acciones.

> *A los cuatro vientos no les interesa escuchar*
> *que amas intensamente a Dios, si en tu paso*
> *por el mundo tus cosechas son irresponsables*
> *y mediocres.*

Sea cual sea tu filosofía o religión, mientras te haga sentir guiado e instruido a través del estudio, la práctica y la disciplina, considérala el camino que te permite llegar a la Ascensión a través de la plenitud espiritual.

La formación de las almas ha sido hasta hoy manejada por grandes congregaciones religiosas, encargadas de brindarnos una guía de luz que ilumine nuestro paso por la Tierra. Sin embargo, por tanta historia revelada y escondida sobre estas congregaciones, hoy en día es muy difícil escoger un camino que nos dé las herramientas que exige el alma para realizarse saludablemente y a tiempo dentro de su periodo de vida.

Por lo tanto, le pido a Dios:

> *Que el libre albedrío consciente, la prudencia, el respeto y el amor por la vida sea la religión verdadera, para que la iglesia de Dios se extienda por todos los continentes empapando de sabiduría a todas las almas.*

—∘—

> *El Padre me ama porque yo doy mi vida para retomarla de nuevo. Nadie me la quita sino que yo mismo la entrego. En mis manos está entregarla y el recobrarla: este es el mandato que recibí de mi Padre.*
>
> Juan 10:17-18

—∘—

Afirmaciones, oraciones y reflexiones positivas

AFIRMACIONES MATUTINAS PARA CREAR UNA ALIANZA SINCERA CON EL PADRE

Escuchar el alma

Aprender a escuchar el alma nos lleva al camino de la verdad permitiendo que la mentira disfrazada tenga un tiempo corto en nuestra vida.

> *Yo soy la verdad de Dios en todo lo que deseo y busco, guardo silencio y escucho la voz del amor, que me dice: "Juntos, estamos bien".*

Oración para conectarnos con la felicidad

> *En el nombre de Dios Yo soy la alegría divina encontrando el camino de la felicidad a través de mi buena intención y mi relación sincera con Dios.*

Reflexión

Existen dos caminos para el alma que transita el ciclo terrenal. El confuso, turbio y tortuoso o el camino del conocimiento, la disciplina y la paz. El primero te aleja de tus metas espirituales. El segundo te acerca a tu plan divino; el primero te pone en riesgos, el segundo protege tu luz.

Oración para crear voluntad

Yo soy la voluntad de Dios creando disciplina en el desarrollo de mis conocimientos, mientras duermo bajo la protección de mis ángeles, mi alma se abre a recibir mensajes para el éxito de mi ciclo terrenal.

Oración de adoración a la llama divina

Amar a Dios por sobre todas las cosas nos mantiene en un estado de gracia permanente, en el que nada ni nadie interrumpe nuestra paz.

Yo soy el amor de Dios manifestado en todo lo que hago, digo y pienso. Cuando amo a Dios por sobre cualquier emoción o sentimiento humano me convierto en un ser divino.

Desarrollando la fuerza de voluntad

Cuando tenemos conductas adictivas hacia algo o alguien, estamos demostrando una carencia importante o un apego originado comúnmente desde la infancia.

Yo soy la fuerza de voluntad soltando
mis apegos, cuando le entrego a Dios
mis debilidades, me abro a recuperar mi
fortaleza divina.

Soltando los problemas

Cuando dejamos que los problemas influyan en nuestros estados de ánimo la creatividad por resolverlos se afecta en gran medida, llevándonos a conductas evasivas y peligrosas, alejándonos con esto más y más de las soluciones.

Yo soy el control divino de mis emociones,
mantengo mi paz sobre cualquier situación,
me hago responsable de mis compromisos
y con Dios, salgo victorioso de cualquier
preocupación. Padre, en tus manos
encomiendo mi espíritu.

Enfrentando la realidad

Evadir nuestra realidad representada en situaciones, relaciones o casos es una forma sutil de alejarnos de nuestra esencia divina.

Yo soy la realidad divina enfrentando
cualquier energía que atenta en contra
de mi equilibrio. Cuando soy valiente
descubro mis cualidades divinas y mi
verdadera esencia.

‹❧›

El poder de mi voz

Cuando la fuerza de la voz se utiliza en críticas, malas palabras, falsos testimonios y pláticas mal intencionadas, las energías se van moviendo en nuestra contra, provocando una vida llena de conflictos y proyectos sin resultado alguno.

Yo soy el poder de Dios respetando el
camino de cada quien. Mis palabras
construyen la paz que necesito para mi
evolución. Cuando cuido lo que hablo,
cuido mi relación con Dios.

‹❧›

Conectando mis virtudes

Cuando dejamos que las emociones negativas nos invadan y nos controlen (tristeza, enojo, desesperación, etcétera) sintonizamos con las energías con las que están hechos los problemas, atrayéndolos ineludiblemente a nuestra vida.

Yo soy la fuerza divina que controla mis
emociones, agradezco, y solo agradezco,
el latido de mi corazón. Hoy me enfoco
solo en mis virtudes, como hijo de
la luz.

❦

Conectando el equilibrio

Enfocarnos en el bienestar interno permite que nuestros pasos lleven un rumbo fijo, dejando a un lado el riesgo de las distracciones cotidianas y las manipulaciones peligrosas del exterior.

Yo soy el equilibrio de mis emociones,
mantengo el enfoque de mis metas cuando
reconozco que mis deseos son buenos para
el alma. El universo me escucha cuando
digo con el corazón: "Padre, todo está dado
cuando viene de ti".

❦

Viendo la realidad para mi bien

Cuando se evade la realidad, las capacidades del alma quedan atrapadas en el mundo de la mentira.

Yo soy la realidad divina enfrentando
con valentía mi verdad. Cuando acepto

mis defectos me abro a la oportunidad de
trabajar en el logro de mi perfección.

⚜

Desarrollando la valentía

La valentía es una virtud que se desarrolla dándole la cara al miedo, a la angustia y al temor. Cuando los vencemos desarrollamos la capacidad de cuidar en conciencia lo que somos y lo que venimos a ser: los intocables hijos de Dios.

> *Yo soy la valentía divina, enfrentando y*
> *resolviendo cualquier prueba que atente*
> *en contra de mi luz. Cuando me envuelvo*
> *en el amor de Dios coloco el escudo divino*
> *que protege mi alma y la de mis seres*
> *queridos. Padre, en tus manos encomiendo*
> *mi espíritu.*

⚜

Soltando para fluir

Cuando peleamos con situaciones que no está en nuestras manos resolver (chismes, murmuración, pérdidas, abandonos, traición, etcétera) nuestro cuerpos físicos, mentales y emocionales se desgastan, perdiendo la fuerza necesaria destinada a aprender a ser seres divinamente resueltos.

Yo soy la fortaleza divina envolviendo las
energías de mi cuerpo. Cuando mi mente
está con Dios mantengo mi vibración en lo
alto. Si Dios está de parte nuestra, ¿quién
puede estar en contra? Padre, en tus manos
encomiendo mi espíritu.

Encontrando mi alegría

Somos almas en un cuerpo recuperando nuestra alegría.

Yo soy la alegría de Dios, manifestada en
todas mis acciones. Cuando mantengo mi
júbilo, mi corazón late al ritmo del universo
y me hago uno con Dios.

Para mantener el control de las emociones

Cuando dejamos que los sentimientos de baja frecuencia nos controlen, como el enojo, los celos, la ira o la rabia, la química de nuestro cuerpo cambia dañando paulatinamente nuestros órganos vitales.

Yo soy el amor de Dios, envolviendo
cualquier energía negativa lanzada hacia
mí. Cuando comprendo que todos somos

seres en evolución, amo a mi prójimo como
a mí mismo.

— ·❧· —

Para limpiar el campo mental

Cuando nuestros pensamientos son claros y bien inten-
cionados, se reflejan en el éxito, el orden y la limpieza
de todo lo que hacemos diariamente.

> *Yo soy el orden divino que fluye bajo el*
> *ritmo perfecto del tiempo; la pureza baña*
> *mi mente; mis pensamientos son buenos*
> *para mí y para los demás. Yo soy la luz de*
> *Dios, manifestada en mis intenciones.*

Cuando nuestra visión está enfocada hacia el éxito,
la abundancia, la paz y el bienestar del alma, ninguna
influencia externa nos podrá mover del camino.

> *Yo soy la visión divina que distingue el*
> *camino correcto para mi bienestar. Cuando*
> *estoy en paz, entrego lo que no está en mis*
> *manos resolver, suelto la carga y permito que*
> *Dios entre en acción para darle dirección a*
> *mi vida, llegando a tiempo y sin riesgos a mi*
> *destino espiritual.*

— ·❧· —

La gratitud

La gratitud es una cualidad que nos conecta con las bondades del universo. Cuando damos las gracias reconocemos el servicio que nos da Dios a través de los demás.

Yo soy la gratitud divina recibiendo a Dios en el servicio de otros. Cuando soy agradecido aprecio la vida, encontrando infinidad de oportunidades para ser feliz.

El nacimiento de las almas

Permitir que las almas nazcan es permitir que Dios se siga expresando en nuestras vidas. Cuando estudiamos y comprendemos el sistema de la vida, el propósito por desarrollarnos como almas se vuelve una prioridad, buscando con responsabilidad las herramientas que nos proporcionen el equilibrio diario de nuestras energías.

Cuando se evade constantemente la realidad, caemos en el riesgo de perder el verdadero potencial de nuestra esencia divina. Cuando enfrentamos cualquier situación que nos exige más de nosotros, en el camino aprendemos a ser más fuertes y confiables en todos los sentidos.

Yo soy la realidad divina enfrentando
cualquier prueba que me exige honestidad,
lealtad, verdad y equilibrio. Cuando supero
la mentira y el miedo, encuentro lo mejor
de mí y lo comparto con amor.

Contaminación de la mente

Contaminar la mente de ideas, emociones o pensamientos negativos, mantiene el alma atrapada en la mediocridad. Cuando nos limpiamos con pensamientos bondadosos, la química del cerebro cambia y nuestra conducta también.

Yo soy la mente de Dios creando bondad,
perdón, comprensión, misericordia y
alegría. Cuando lleno mi mente de luz,
veo con claridad el amor que me rodea, lo
cuido y lo respeto, sabiendo que viene de
Dios.

Nuestras metas diarias

Para llevar a cabo nuestras metas diarias se necesita claridad mental para priorizar nuestros objetivos, así como paz y confianza para avanzar con seguridad.

Yo soy la claridad divina que me permite
distinguir las oportunidades del día. Cuando
mantengo mi paz nada me distrae del éxito
que está destinado para mí. Cuando hago
mi parte dejo que Dios actúe a mi favor.

Las leyes de Dios

Las leyes de Dios han sido creadas para que todo funcione bajo un ritmo cósmico ordenado. Cuando nuestras conductas se salen de ese orden, el alma pierde el camino, enredándose en energías de desorden y confusión.

Yo soy el orden divino aplicado en todas las
áreas de mi vida. Fluyo bajo la luz de Dios y
bajo su dirección. Cuando amo a mi prójimo
como a mí mismo cumplo con Dios.

La oración

Cuando oramos, meditamos o hacemos decretos, una gran oleada de energía baja a alimentar nuestros chakras. Cuando nos enojamos, gritamos o murmuramos sobre los demás, esta energía divina se desperdicia.

Yo soy la energía de Dios en acción.
Cuando controlo mis emociones,

administro correctamente los regalos del
cosmos destinados para mi bien. Yo soy
responsable de todo lo que Dios me otorga.

El ciclo terrenal

Durante el ciclo terrenal el alma pasa por diferentes pruebas que la llevarán hacia su fortaleza divina. Cuando evadimos la realidad de cualquier situación, las energías destinadas para nuestra evolución se convierten en karma.

Yo soy la valentía de Dios, resolviendo
lo que está en mis manos. Cuando
comprendo que yo soy paz, fortaleza y
justicia, permito que las soluciones se
acomoden en mi vida.

La curación divina

Cuando nos involucramos en situaciones que no son nuestras, nos enredamos en el karma de otros atrayendo energías de discordia y desesperación a nuestra vida.

Yo soy la curación divina, sanando todas
mis relaciones. El amor me permite ver lo
mejor de cada quien. Cuando respeto la

vida de los demás tengo tiempo para recibir
lo mejor de Dios.

~ * ~

El equilibrio

Cuando perdemos el equilibrio nuestras acciones pueden lastimar y herir a quienes más nos necesitan.

> Yo soy el equilibrio de todas mis energías.
> Cuando pienso en la grandeza de lo que
> yo soy reconozco las virtudes del amor,
> la tolerancia y la paciencia dentro de
> mí. Cuando trabajo en mi equilibrio me
> convierto en uno con Dios.

~ * ~

El dolor

Cualquier dolor que no sea superado con el amor de
Dios, con el tiempo se convierte en una enfermedad
para el alma.

> Yo soy la fortaleza divina que me guía
> hacia soluciones amorosas; aprendo a vivir
> buscando las alegrías que Dios tiene para
> mí hoy. La luz de Dios nunca falla, y yo
> soy esa luz.

Los errores

No es fácil reconocer nuestro errores, pero la habilidad de hacerlo nos otorga la libertad de reconocernos como almas en evolución.

Yo soy la paz divina centrada en mis virtudes; mis cualidades son las herramientas para lograr mi plenitud. Cuando soy humilde, mi divinidad se expresa en todo lo hago: hoy soy uno con Dios.

Yo soy la justicia divina que se aplica en todas mis acciones, soy justo conmigo mismo, con lo que recibo y con lo que doy este día a través del amor. Dios me bendice con todas sus bondades que reparte en mi vida cuando me abro a su amor.

Yo soy la inteligencia divina estableciendo una conducta serena, tolerante y amorosa conmigo mismo, con mi familia, mis compañeros de trabajo y con todos aquellos que se cruzan en mi camino. Dios está dentro de todos.

Solución del pasado

Cuando el pasado doloroso no ha sido resuelto en comprensión y perdón, lo escenificamos en el presente bajo la frustración y el enojo profundo.

Yo soy la valentía divina enfrentando
cualquier momento doloroso de mi pasado.
Lo muevo de mi vida para soltarlo lejos
de todo lo que yo soy en esencia divina.
Cuando vivo mi presente con pensamientos
amorosos construyo mi futuro con las
manos de Dios.

Los valores naturales del alma

Cuando creemos en un Dios fuera de nosotros, las energías se debilitan y el alma entra en estado de confusión, duda y temor.

Yo soy la voluntad y la fe divina integrando en
mí los valores naturales del alma. Reconozco
que fui hecho a imagen y semejanza de mi
Creador. Mi potencial divino se proyecta en
todos mis deseos. Hoy encuentro a Dios en mi
trabajo, en mi familia y en el mundo donde
estoy viviendo mi experiencia terrenal. Con
Dios todo es posible.

Decreto de pureza

Yo soy la misericordia de Dios en mi alma. Yo soy un ser de fuego violeta. Yo soy la pureza que Dios desea.

Yo soy el Perdón de Dios en mi alma. Yo soy la pureza que Dios desea.
Yo soy la libertad de Dios en mi alma. Yo soy la pureza que Dios desea.
Yo soy la diplomacia de Dios en mi alma. Yo soy la pureza que Dios desea.
Yo soy la alegría de Dios en mi alma. Yo soy la pureza que Dios desea.

Oración para desarrollar la fe

En el nombre de Dios Yo soy y en el nombre de mi santo ser crístico invoco la luz de san Miguel Arcángel para que escolte mi alma mientras duermo hasta los templos de su rayo azul, donde junto con su arcangelina Fe, instruyan mi alma sobre el desarrollo de mi fe en Dios y toda la perfección de su cosmos, por lo que con esta virtud podré fluir en sintonía perfecta.

(Rezar tres veces antes de dormir.)

Cualquier dolor que no sea superado con el amor de Dios con el tiempo se convierte en una enfermedad para el alma.

Yo soy la fortaleza divina que me guía hacia soluciones amorosas, aprendo a vivir buscando las alegrías que Dios tiene para mí hoy. La luz de Dios nunca falla, y yo soy esa luz.

Los grandes profetas nos han hablado sobre la naturaleza de Dios como el amor en su totalidad, el que todo crea, conoce y da. Antes de ser carne, el alma vive ahí y guarda en su memoria la grandeza del amor. Cuando encarnamos nuevamente como hijos, venimos con la frescura de volver a ser amados por nuestros padres con la misma intensidad que Dios lo ha hecho. El alma solo desea volver a sentirse amada para funcionar bien, todo lo demás queda olvidado, ya que la única energía que no se pierde en el cuerpo de la memoria es el amor.

Al conocer el amor, nuestro mundo cambia; nos sentimos diferentes cuando nos muestran que nos aman con atención y respeto, ya sea la familia, la pareja o los amigos.

Cuando un alma no se siente atendida por este sentimiento, ya sea por sus padres, su pareja, sus hijos o su sociedad, buscará de cualquier forma llenarse de esta luz para buscarle sentido a su vida.

Sin embargo, es importante saber que tanta experiencia lejos del amor la formará como un alma lastimada, haciendo que dañe siempre a los demás empezando por ella misma.

Perdonar a quienes nos hirieron, porque no sabían que necesitábamos el mismo amor que ellos, nos hace grandes. Volver a recordar que venimos del amor solo se logra perdonando.

Por la naturaleza de los ciclos tarde o temprano tenemos que regresar ahí. De cada quien depende qué tan largo, corto, doloroso o amoroso sea el camino.

Salir de una relación, de un trabajo o de una enfermedad sin haber sanado completamente, lleva al alma a actuar bajo su potencial a medias, en detrimento de los resultados que se tengan en la nuevas experiencias.

Yo soy la curación divina en todos los aspectos, todo lo que yo soy está dirigido a mi más alto bien.

El libre albedrío

Nacer con el libre albedrío nos permite darnos cuenta de la infinita misericordia de Dios que como Padre nunca nos somete ni nos obliga a hacer lo que Él quiere. Bajo su manto nos protege para crecer en libertad.

Yo soy el amor de Dios en todas mis
acciones. Amo y respeto la libertad
otorgada para madurar como alma.
Cuando amo lo que tengo cumplo con su
gran ley.

❦

La abundancia

En el nombre de Dios, Yo soy el perfecto
equilibrio de la abundancia, donde el
maná del Cielo se refleja en mi trabajo y
en el de mis seres amados. Cuando estoy
en perfecta armonía, la prosperidad aflora
constantemente en mis resultados. Nada me
interrumpe porque estoy en manos de Dios.

❦

La indecisión

La indecisión es una emoción que confunde el alma.
Tomar decisiones desde la honestidad profunda nos
mantendrá lejos de cualquier riesgo.

Yo soy la armonía de Dios centrada en
mis decisiones. De hoy en adelante nada
es más importante que el bien de mi alma.
Padre, en tus manos encomiendo mi
espíritu.

En manos de Dios

Deja de arriesgarte, ponte en manos de Dios.

Yo soy el amor de Dios cubriendo mis
necesidades. Cuando hago mi parte, el
Cielo entero trabaja a mi favor.

La alegría

Cuando aprendemos a mantener la alegría centrada en nuestro corazón, toda experiencia, buena o mala, se vive como una oportunidad para seguir creciendo.

Yo soy un alma de luz, evolucionando en
este ciclo terrenal. Cuando mantengo mi
alegría soy un ser agradecido. La gratitud
me abre las puertas. Gracias por todo,
Señor mío, Dios mío.

Del corazón de Dios salimos y al corazón de Dios tenemos que regresar, porque todo en el cosmos divino es cíclico. El libre albedrío consciente nos regresará sanos y salvos.

Todas las almas que estamos encarnadas en este ciclo, hemos nacido con derechos, mismos que tenemos que defender para el logro de la unión eterna con el Padre.

- Derecho de nacer
- Derecho de arrepentirnos y redimirnos
- Derecho de ascender

*Yo soy la fuerza de voluntad defendiendo
los derechos de mi alma, el perdón me abre
las puertas del amor y solo con amor cierro
mis ciclos a tiempo. Yo soy amor.*

Contenido